Nicht im Handel

Ungarisches Recht

Von

Dr. jur. Elemér Balogh

o. ö. Professor der Rechte an der Universität Kaunas, Juristischer Beirat des Internationalen Instituts für geistige Zusammenarbeit, Generalsekretär der Internationalen Akademie für vergleichende Rechtswissenschaft

Sonderabdruck
aus
Handwörterbuch der Rechtswissenschaft
unter Mitberatung von
Ministerialdirektor im Reichsjustizministerium Dr. E. BUMKE / Reichsgerichtsrat Dr. L. BUSCH / Oberreichsanwalt Prof. Dr. L. EBERMAYER / Geh.-Rat Prof. Dr. Dr. FR. ENDEMANN / Geh. Justizrat Prof. Dr. E. HEYMANN / Senatspräsident am Reichsgericht Dr. O. STRECKER / Präsident des Bayerischen Obersten Landesgerichts Staatsrat Dr. K. v. UNZNER
herausgegeben von
FRITZ STIER-SONMO und ALEXANDER ELSTER
Dr. jur., ord. Prof. an der Univ. Köln — Dr. jur., Berlin

Verlag von Walter de Gruyter & Co.
Berlin und Leipzig

Ungarisches Recht.

A. Staats- und Verfassungsrecht.

I. Geschichtliches. Ungarn ist seit der Krönung Stephans des Heiligen durch Papst Sylvester, von dem er die Königskrone und den Titel eines apostolischen Königs im Jahre 1000 n. Chr. erhielt, ein Königreich. Die staatsrechtliche Bedeutung der Stämme- und Sippenorganisation trat seitdem mehr und mehr in den Hintergrund, und die vorher bei der Nationalversammlung liegende Souveränität ging auf den König über. Die von König Stephan eingesetzte königliche Macht war nicht verfassungsmäßig im heutigen Sinne des Wortes, sondern nur durch das der Nation innewohnende Freiheitsgefühl und durch Überlieferung beschränkt. Dieses kraftvolle Königreich unterlag jedoch schon ein Jahrhundert später einem schrittweisen Verfall, nachdem die lehensrechtlichen Lehren und Bräuche auch in Ungarn ihren Eingang fanden. Zwar wurden diese nie formell angenommen und gelangten auch nie zu einer Entfaltung wie im Heiligen Römischen Reich. Immerhin führten sie im Laufe der Entwicklung zu einer kräftigeren Betonung der Verfassungs- und Amtsmäßigkeit der königlichen Macht. Auch zeigte sich eine Verschiebung vom öffentlichrechtlichen zum privatrechtlichen Grundgedanken im Wesen der königlichen Gewalt. Das sogenannte Donational- oder Benefizialsystem geht zwar schon auf den ersten König zurück, entfaltete sich aber zu voller Blüte, nachdem es die einzige Art geworden war, um Militär, Beamte und Priester zu entlohnen. Durch das Benefizialsystem entstand der Großgrundbesitz, während aus den Königsdienern, d. h. den durch den König aus der Leibeigenschaft Befreiten, später der mittlere und kleine Adel erwuchs.

Den entscheidenden Schritt zum Feudalismus tat König Andreas II. (1222) durch die „Goldene Bulle". Durch sie wurde der Militärdienst, die Wehrpflicht zum ausschließlichen Beruf des Adels, und dieser daher von jedem anderen Dienst und namentlich von der Steuerlast befreit. Den Grundbesitz belasten nach wie vor nur öffentlichrechtliche Pflichten: die Wehrpflicht, die Gerichtsbarkeitspflicht und die allgemeine Treupflicht. Die durch Mitwirkung des Adels beschränkte königliche Gewalt erhält ihr Symbol in der Theorie der heiligen Krone, die als Verkörperung der Staatssouveränität aufgefaßt wird, der die gesamte öffentliche Gewalt in mystischer Weise entstrahlt. Daher fällt, wenn die Nachkommenschaft des Benefiziars ausstirbt, das Gut an die Krone zurück, und der König ist verpflichtet, es einem anderen Würdigen zu verleihen. Jeder, der sein freies Eigen von der Krone herleitet, ist membrum sacrae regni coronae, nimmt Teil an den Staatsgeschäften und bildet mit dem gekrönten König an der Spitze den totum corpus sacrae regni coronae, also das, was wir heute Staat nennen.

Anfänglich war das persönliche Erscheinen im Reichstag Recht und Pflicht jedes Adeligen. Eine Zeitlang bestand zwar die Institution der nobiles electi (1385), kam aber bald wieder außer Anwendung, bis sie jedoch zu Anfang des 17. Jahrhunderts wieder eingeführt wurde. Von da an schickte der kleine Adel seine Abgesandten in den Reichstag, die durch die Komitate gewählt wurden. Der erbliche hohe Adel erschien auch weiter persönlich. So spaltete sich die Volksvertretung in zwei Häuser: das Unterhaus, in dem die Abgeordneten der Komitate berieten, und das Oberhaus, in dem die Angehörigen des hohen Adels persönlich zugegen waren. Die Gesetzgebungsgewalt durfte nur unter Mitwirkung des Königs und beider „Tafeln" ausgeübt werden. Verordnungen konnte der König allein erlassen, ohne daß die Grenze zwischen den beiden Rechtsquellen scharf gezogen wäre. Dies geschah erst nach 1848, als das Prinzip der ministeriellen Verantwortung aufgestellt wurde, erlitt aber nach Niederwerfung des Freiheitskampfes (1849) eine Unterbrechung, die bis 1867 dauerte. Dann erfolgte der Ausgleich zwischen Nation und Krone. Nach dem unglücklichen Ausgang des Weltkrieges wurde zunächst das Haus Habsburg seiner Rechte auf den Thron für verlustig erklärt und die Volksrepublik ausgerufen, die alsbald in die sogenannte Proletarierdiktatur überging. Diese konnte sich jedoch nur kurze Zeit halten, und nach ihrem Sturze wurde auf Grund einer im Verordnungswege erlassenen Wahlordnung eine Nationalversammlung einberufen, die sich als alleinige Inhaberin der Staatssouveränität erklärte. Sie stellte im GA. I vom Jahre 1920 die alte Verfassung wieder her, setzte bis zur Regelung der Frage der obersten Staatsgewalt einen Reichsverweser ein und umschrieb dessen Machtstellung und Wirkungskreis in großen Zügen. Dieser Zustand besteht noch heute: Ungarn ist ein Königreich, an dessen Spitze provisorisch ein Reichsverweser steht. Die Darstellung des ungarischen Staatsrechts bietet die größten Schwierigkeiten, indem es sich hier nicht um ein rein gesetzlich geregeltes Gebiet handelt, vielmehr berühren sich hier das Gebiet des Traditionellen und Urkundlich-Begründeten sehr nahe. Wir finden hier einerseits Elemente, die sich in dem uralten Staatsgebäude trotz aller Wechselfälle erhielten, andererseits Bestandteile, die allmählich die Färbung des vorgerückten Zeitgeistes gewannen.

II. Dogmatisches aus dem öffentlichen Recht.

1. Rechtsquellen. Wichtigste Rechtsquelle ist das Gesetz. Der Geist der ungarischen Verfassung läßt die königliche und die Regierungsverordnung nur als nicht eigentliche, gewissermaßen bloß geduldete Rechtsquelle gelten. Ein Grundsatz der ungarischen Verfassung ist, daß das Staatsoberhaupt aus eigener Machtvollkommenheit zur Erlassung von Rechtsnormen nicht berufen ist. Für das moderne Recht ist maßgebend der § 19 des GA. IV vom Jahre 1869 (s. unten). Trotz dieses prinzipiellen Standpunktes wurde das Land namentlich vor 1848, vielfach durch benigna rescripta principum regiert, denen die zuständigen Stellen teils wegen ihrer inneren Notwendigkeit und Richtigkeit, teils weil andere Vorschriften nicht vorhanden waren, tatsächlich Folge leisteten.

Eine Sonderstellung in der Reihe der Verordnungen nehmen die sehr zahlreichen Verfügungen des absoluten österreichischen Regimes nach Niederwerfung des Freiheitskrieges von 1848 bis zur Wiederherstellung der Verfassungsmäßigkeit im Jahre 1867 ein. Vom ungarischen Rechtsstandpunkt aus sind diese Vorschriften überhaupt keine Rechtsquellen, da ihre Geltung nur auf der Gewalt beruhte. Einzelne dieser Vorschriften gingen jedoch später trotzdem ins ungarische Rechtsleben über.

Der Begriff der sogenannten Notverordnung ist dem ungarischen Recht fremd. Wird eine solche unter dem Zwang der Verhältnisse erlassen, so geschieht dies auf Verantwortung und Gefahr der Regierung. In Vorahnung der kommenden Dinge erteilte jedoch GA. LXIII vom Jahre 1912, betreffend die ausnahmsweisen Verfügungen im Falle eines Krieges, dem Ministerium im § 16 die Ermächtigung, in bezug auf die Geltendmachung privatrechtlicher Forderungen, ferner in bezug auf das Verfahren in Streitsachen und das Güteverfahren sowie auf die bürgerliche Rechtspflege im allgemeinen, von den bestehenden Gesetzen abweichende Verfügungen zu treffen. § 14 GA. L vom Jahre 1914 erstreckte diese Ermächtigung auf die infolge des Krieges notwendig gewordene Regelung der privatrechtlichen Rechtsverhältnisse im allgemeinen. Diese Ermächtigungen entfesselten eine Flut von Verordnungen, die bis tief zu den Wurzeln der privatrechtlichen Einrichtungen drangen und die Rechtsverhältnisse, ja sogar das Rechtsbewußtsein in einer Weise beeinflußten, die nach Beendigung des Krieges eine Rückkehr zur alten Ordnung einfach unmöglich machte.

Der oben erwähnte § 19 des GA. IV vom Jahre 1869 weist den Richter an, unter anderen, auch nach der „gesetzeskräftigen Gewohnheit" zu urteilen. So entsteht also im Gewohnheitsrecht das Recht gewissermaßen ex post: es wird erst angewendet und ausgeübt und kommt erst nachher zur Existenz. Ganz entschieden bekennt sich das Tripartitum (Prol. Tit. 12) zu dem Satze, daß das Gewohnheitsrecht die Kraft besitzt, das geschriebene Gesetz aufzuheben; so beseitigt ein späteres Gewohnheitsrecht das frühere Gesetz, aber auch ein späteres Gesetz das frühere Gewohnheitsrecht. Gesetz und Gewohnheitsrecht sind demnach Rechtsquellen gleichen Ranges.

Nach dem Tode des Königs Mathias (1490) geriet die Gerichtsbarkeit des Landes stark in Verfall, wodurch die Rechtsstreite und Prozesse eine Zahl und einen Grad von Erbitterung erreichten, die bis dahin ohne Beispiel waren, und in deren Folge es vielfach vorkam, daß die Parteien, nachdem sie mit Argumenten ihr Recht nicht zu erlangen vermochten, in den Beratungssaal drangen und den Richter mit Lärm und Drohungen zu beeinflussen suchten (s. die Approbationsklausel des Königs Vladislav zum Tripartitum). Durch die Anordnung der Kodifikation des bestehenden Rechts trachtete die Gesetzgebung diesen Übeln abzuhelfen. Mit der Durchführung dieser Arbeit wurde zuerst der Richtmeister Kollar (GA. VI vom Jahre 1498), dann aber sämtliche Mitglieder des Oktavalgerichts betraut (GA. C vom Jahre 1500 §§ 5ff.). Die mit der Arbeit Betrauten kamen jedoch ihrer Mission nicht nach, und der König wandte sich an den damals bereits in großem Ansehen stehenden Rechtsgelehrten und Protonotar an der königl. Kurie Stephanus de Werboecz. Dieser unterbreitete seine Arbeit unter dem Titel: Opus Tripartitum Iuris Consuetudinarii Inclyti Regni Hungariae dem Reichstag von 1514. Eine Kommission von 10 Mitgliedern begutachtete das Werk, worauf es von dem König mündlich und schriftlich bestätigt wurde. Jedoch unterblieb die Aufdrückung des königlichen Siegels aus einem nicht aufgeklärten Grunde, und nach dem Tode des Königs Vladislaw wurde auch die Einverleibung in die Gesetzessammlung nicht vorgenommen. Als nun Werböczy von dem Schicksal seiner Arbeit erfuhr, entschloß er sich, dieselbe selbst zu veröffentlichen. Sie erschien in Wien 1517 im Druck. Einmal der großen Öffentlichkeit zugänglich gemacht, erlangte das große Werk rasch wohlverdientes Ansehen und Volkstümlichkeit. Es wurde ohne Zwang und äußere Autorität allenthalben angewendet und erreichte auf diese Weise jene Höchsteinschätzung, die einen Zweifel an seiner bindenden Kraft gar nicht mehr aufkommen ließ.

Sicher ist das Tripartitum kein formelles Gesetz, kein vom König sanktioniertes und dem Corpus Juris einverleibtes Dekret. Auch dadurch, daß spätere Gesetze sich etwa auf einzelne Stellen berufen, könnten höchstens diese Stellen, nicht aber das Werk als Ganzes inkorporiert worden sein. Also muß die Geltung mit dem Gewohnheitsrecht in Verbindung gebracht werden. Dabei ist aber nicht anzunehmen, daß die Geltung und bindende Kraft jeder einzelnen Bestimmung von einer Bekräftigung seitens der Gewohnheit abhängig wäre. Das Tripartitum ist bindend als Ganzes a priori, als wäre es Gesetz. Das Gewohnheitsrecht hat ihm en bloc die gesetzesähnliche Sanktion verliehen. Ihr Urgrund ist die Rechtsüberzeugung des Volkes. Für Siebenbürgen hat § 3 des Diploma Leopoldinum (1691) das Tripartitum mit Ausnahme des Teil 1 Titel 9 § 6 (Recht des bewaffneten Widerstandes gegen Verletzung der Verfassung) als Gesetz sanktioniert und dasselbe ist daher dort geschriebenes Recht.

Vor 1848 waren auch die Dezisionen, d. h. rechtskräftige Urteile der königlichen „Tafel" und namentlich der Septemviraltafel, die eine durch das Gesetz offengelassene prinzipielle Rechtsfrage entschieden, Rechtsquellen. Die Königin Maria Theresia ordnete 1769 die Sammlung und Systematisierung der seit der 1723 erfolgten Neuorganisierung der Obergerichte erlassenen Dezisionen an. Die Sammlung wird kurz Planum Tabulare genannt und bildet eine der wichtigsten Quellen zur Erkenntnis des altungarischen Privat- und Prozeßrechts. Die im Planum niedergelegten Rechtsprinzipien wurden vermöge ihrer inneren Richtigkeit und des Ansehens der königlichen Tafel gewohnheitsrechtlich angenommen. Von der Regel, daß Entscheidungen eines Gerichts das andere nicht binden, bilden eine Ausnahme die Dezisionen des Rechtseinheitssenats und die Plenarentscheidungen der königlichen Kurie, worüber Bestimmungen durch das GA. LIV vom Jahre 1912 (1. IX. 1914) in §§ 70ff. getroffen sind.

Statuten der Munizipien und Gemeinden sind partikuläre Rechtsquellen. Das Privileg hat heute jede praktische Bedeutung verloren.

2. Bezüglich des Staatsgebiets vgl. den Friedensvertrag von Trianon (GA. XXXIII vom Jahre 1921) und GA. XXIX vom Jahre 1922 betreffend die Volksabstimmung in Sopron.

3. Die Frage der Staatsbürgerschaft wird durch GA. L vom Jahre 1879 geregelt. Wichtige Änderungen rief namentlich der Friedensvertrag von Trianon hervor, der insbesondere die Zugehörigkeit der Bewohner der abgetrennten Gebiete regelte. Dies erfolgte in Artt. 61—66, deren Durchführung, namentlich in bezug auf die in beschränktem Maße zugelassene sogenannte Option, eine ganze Reihe von Bestimmungen nötig machte (vgl. § 24 GA. XVII vom Jahre 1922, VO. Nr. 6500/1921 ME., Nr. 12551/1926 BM., Nr. 5790/1922 ME. usw.).

4. Grundrechte. Eine Aufzählung der bürgerlichen Freiheitsrechte findet sich in den ungarischen Gesetzen nicht. Die persönliche Freiheit wird durch Bestrafung der Freiheitsentziehung, sei es seitens öffentlicher Funktionäre, sei es seitens Privater gewährleistet. Das Recht der Niederlassung in einer beliebigen Gemeinde ist jedem Staatsbürger in § 9 GA. XXII vom Jahre 1886 zugesichert. Ausländer unterliegen gewissen, seit Kriegsende verschärften Beschränkungen. Dasselbe gilt bezüglich der Auswanderung. Die Freiheit der Berufsausübung ist heute ebenfalls beschränkter als vor dem Kriege. Zwar besteht noch der Grundsatz der Gewerbefreiheit, doch wurde er durch die Gewerberechtsnovelle (GA. XII vom Jahre 1922) wesentlich eingeschränkt. Die Zahl der konzessionierten Gewerbe wurde erhöht, die Vorbedingungen der Erteilung von Gewerbescheinen verschärft und die gleichzeitige Ausübung verschiedener Gewerbe durch dieselbe Person erschwert. Der Numerus Clausus an den Hochschulen, zuerst durch GA. XXV vom Jahre 1920 eingeführt, engt die Möglichkeit einer höheren Ausbildung empfindlich ein. Die Bodenreform knüpft den Erwerb und die Übertragung von landwirtschaftlichen Grundstücken an behördliche Genehmigung (GA. XXXVI vom Jahre 1920 und VII vom Jahre 1924) und sperrt daher diesen Beruf für einen beträchtlichen Teil der Bevölkerung. Dagegen wird der freie Wettbewerb nicht eingeengt, sondern

nur vor Mißbrauch geschützt durch das Gesetz über den unlauteren Wettbewerb (GA. V vom Jahre 1923). Die Freiheit der geistigen Betätigung wird durch das Pressegesetz GA. XIV vom Jahre 1914 geschützt und geregelt, nachdem schon GA. XVIII vom Jahre 1848 erklärt hatte, jeder dürfe seine Gedanken durch die Presse frei mitteilen und verbreiten. Die Vorzensur wurde aufgehoben. Weitere Ergänzungen auf diesem Gebiete sind enthalten einerseits im Urheberrecht (GA. LIV vom Jahre 1921), andererseits im Gesetz zum Schutz der Ehre (GA. XLI vom Jahre 1914). Eine gewisse Einschränkung erleidet die Freiheit der geistigen Betätigung durch GA. III vom Jahre 1921, der der staatlichen und gesellschaftlichen Ordnung einen stärkeren Schutz gewährt, indem er sich gegen abfällige und böswillige Äußerungen über den Staat, seine Einrichtungen und Funktionäre richtet.

Die Freiheit der Vereinsbildung unterliegt der Genehmigung des Ministers des Innern, dem die Statuten eingereicht werden müssen. Die Bildung von geheimen Vereinigungen ist verboten und die Teilnahme an ihnen strafbar.

Die freie Ausübung der Religion ist durch GA. XLIII vom Jahre 1895 innerhalb der Grenzen der Gesetze und der öffentlichen Moral gewährleistet. Die Fähigkeit zur Ausübung bürgerlicher und politischer Rechte ist von der Konfession unabhängig, doch befreien die Vorschriften des Glaubens oder der Kirche keinen von der Erfüllung seiner gesetzlichen Pflichten. Anerkannte Konfessionen werden besonders geregelt. Durch GA. XLII vom Jahre 1895 wurde die jüdische Konfession und durch GA. XVII vom Jahre 1916 die islamitische anerkannt. Im übrigen ist die Anerkennung dem Ministerium vorbehalten. Über die beiden katholischen Kirchen übt die Staatsgewalt ein Oberpatronat aus. Auch über die übrigen anerkannten Konfessionen besteht ein im einzelnen verschieden ausgestaltetes Aufsichtsrecht des Staates.

Die Gleichberechtigung der Nationalitäten wurde im GA. XLIV vom Jahre 1868 verbürgt und durch Artt. 54—60 des Trianoner Friedensvertrags vom 4. VI. 1920 (GA. XXXIII vom Jahre 1920) auch als völkerrechtliche Verpflichtung anerkannt und unter den Schutz des Völkerbundes gestellt. Für die Wahrung der Interessen fremdsprachiger Minderheiten ist, bei Aufrechterhaltung der ungarischen Sprache als Staatssprache, überall Sorge getragen (GA. II vom Jahre 1924).

Als Überbleibsel der alten Ständeverfassung besteht noch der Adel als Rang und Titel (Die Prärogativen sind musterhaft aufgezählt in Teil I Titel 9 des Tripartitum, dem sogenannten „Primae Nonus").

5. Staatsorganisation. Von der Königswürde sei — da sie zurzeit nicht aktuell ist — nicht eingehender gesprochen GA. XLVII vom Jahre 1921 erklärt König Karl IV. und das Haus Habsburg des ungarischen Thrones verlustig.

Die Prärogativen des Reichsverwesers sind, wie bereits erwähnt, in GA. I vom Jahre 1920 bestimmt. Hiernach kann der Reichsverweser den Reichstag überhaupt nicht vertagen und nur im äußersten Falle auflösen. Nach spätestens 3 Monaten muß er ihn wieder einberufen. Er vertritt Ungarn völkerrechtlich, kann Gesandte bestellen und empfangen, Bündnisse und Staatsverträge schließen, jedoch in bezug auf Gegenstände der Gesetzgebung nur mit Zustimmung des Reichstags. Zur Kriegserklärung, zum Friedensschluß und zur Einsetzung der Wehrmacht außerhalb der Landesgrenzen bedarf er der Einwilligung des Reichstags. Die gesamte Vollzugsgewalt übt er ausschließlich durch das verantwortliche Ministerium unter Gegenzeichnung durch einen Minister aus. Seine Person ist unverletzlich und steht unter demselben strafrechtlichen Schutz wie die Person des Königs. Im Falle der Verletzung der Verfassung oder eines Gesetzes kann der Reichsverweser vom Reichstag zur Verantwortung gezogen werden.

Bis zum 14. XI. 1926, dem Tage der Verkündung des GA. XXII vom Jahre 1926 übte die Nationalversammlung tatsächlich die Gesetzgebungsgewalt allein aus. Sie schuf während dieser 6 Jahre eine Reihe von Gesetzen, deren Geltung von keiner Seite bezweifelt und auch von der königlichen Kurie ausdrücklich anerkannt wurde, und zwar mit der Betonung, daß eine Rangstufe zwischen den von der Nationalversammlung geschaffenen und den sonstigen Gesetzen nicht bestehe und jene, ebenso wie diese, von jedermann als vollgültig anzuerkennen seien. Trotzdem war es von jeher ein Wunsch der öffentlichen Meinung, zum althergebrachten Zweikammersystem zurückzukehren. Die Nationalversammlung errichtete unter Berufung auf den oben erwähnten § 2 GA. I vom Jahre 1920, durch GA. XXII vom Jahre 1926, neben dem Abgeordnetenhaus ein Oberhaus. Mitglieder werden Personen entweder a) auf Grund einer innegehabten Würde oder eines Amtes, b) auf Grund der Wahl, oder c) auf Grund der Ernennung (§ 2).

Heute steht die Gesetzgebungsgewalt, soweit sie nicht dem Staatsoberhaupte vorbehalten ist, beiden Häusern des Reichstags gemeinsam zu.

Die heute bestehenden Vorschriften für Abgeordnetenwahlen sind im GA. XXVI vom Jahre 1925 enthalten. Hiernach ist jeder Mann, der das 24. Lebensjahr vollendet hat, wahlberechtigt. Er muß seit 10 Jahren ungarischer Staatsbürger sein, seit 2 Jahren in derselben Gemeinde wohnen und die vierte Klasse der Elementarvolksschule erfolgreich absolviert haben, oder muß eine entsprechende Bildung nachweisen können. Bei Hochschulabsolventen wird vom Alter abgesehen. Wahlberechtigt ist auch jede Frau, die das 30. Lebensjahr vollendet hat, die seit 10 Jahren Staatsbürgerin ist, 2 Jahre in derselben Gemeinde wohnt und 6 Volksschulklassen absolviert hat, oder eine gleichwertige Schulbildung nachweisen kann. Eine Frau aber, die nur vier Volksschulklassen hinter sich hat, ist wahlberechtigt, wenn sie 1. drei oder mehreren Kindern das Leben gegeben hat, sofern mindestens drei dieser Kinder am Leben sind, oder im Kriege den Heldentod gefunden haben, 2. wenn sie vom eigenen Vermögen lebt oder einen eigenen Beruf hat und einen selbständigen Haushalt führt. Auch bei der Frau besteht eine Bevorzugung bei Absolvierung einer Hochschule. Ausgeschlossen von der Ausübung des aktiven Wahlrechts sind vor allem unter Pflegschaft Stehende, Geisteskranke, Cridare, Unterstützungsempfänger, Väter, deren väterliche Gewalt suspendiert ist, Dirnen, Zuhälter, Trunkenbolde, einer im Gesetz angeführten strafbaren Handlung Schuldige und alle zum Verlust der politischen Rechte Verurteilten. Das passive Wahlrecht steht demjenigen zu, der im Besitze des aktiven Wahlrechts ist und nicht unter einen Ausschließungsgrund fällt, nachdem er das 30. Lebensjahr überschritten hat. Die wichtigsten Ausschließungsgründe sind: Inkompatibilität, Verurteilung wegen entehrender Verbrechen — bei öffentlichen Funktionären auch solche im Disziplinarwege —, ferner aktiver öffentlicher Dienst und Funktion bei den Wahlen.

Als besonders wichtige Vorrechte des gesamten Parlaments und gleichzeitig als Grundlagen der Verfassung müssen hervorgehoben werden: 1. das Recht der Rekrutenaufbietung, 2. das Budgetrecht und 3. das Recht der Prüfung der Abschlußrechnungen. Die wechselvolle Geschichte der ungarischen Verfassung dreht sich zum großen Teile um diese drei Gerechtsame.

Die Minister haben schon als solche einen Sitz in beiden Häusern des Parlaments. Eine Stimme haben sie jedoch nur, wenn sie auch sonst Mitglieder des betreffenden Hauses sind. Sie sind verpflichtet, auf Wunsch eines der Häuser dort zu erscheinen und Auskünfte zu erteilen sowie ihre Amtsakten dem Hause oder der beauftragten Kommission vorzulegen. Die Tätigkeit der Regierung steht unter der Kontrolle des Staatsrechnungshofes (Novelle zu dessen Organisation GA. IV vom Jahre 1914). Über das Verfahren im Falle der Verantwortlichmachung der Minister handelt GA. X vom Jahre 1920.

Die unteren Organe der Verwaltung sind die Munizipien und die Gemeinden. Munizipien sind die Komitate und die mit Munizipalrecht ausgestatteten Städte. Die Munizipien haben Selbstverwaltung und vermitteln die zentrale Verwaltung. Sie dürfen sich aber auch mit Fragen des allgemeinen Landesinteresses befassen, darüber beschließen, die Beschlüsse einander und der Regierung mitteilen oder in Form von Gesuchen einem der Häuser des Parlaments vorlegen. Die Munizipien erwiesen sich im Laufe der Geschichte wiederholt als starke Stützen der Verfassung, zumal da sie das Recht haben, falls sie eine Regierungsverordnung für gesetzwidrig oder unter den lokalen Verhältnissen für unangebracht halten, vor ihrer Ausführung bei der Regierung Einspruch zu erheben.

Der sicherste Schutz der Verfassung ist die richterliche Unabhängigkeit. Als Grundgesetz hierfür gilt GA. IV vom Jahre 1869, durch den die Gerichtsbarkeit von der Verwaltung getrennt, die Unabsetzbarkeit des Richters statuiert, die Bestimmung der Zahl und Sitze der Gerichte der Gesetzgebung vorbehalten und die richterliche Verantwortlichkeit normiert wurde. Ein besonderes Gericht für Streitigkeiten bezüglich der Kompetenz von Gerichten und Administrativbehörden wurde erst durch GA. LXI vom Jahre 1907 geschaffen.

B. Strafrecht und Strafprozeß. Das ungarische Strafgesetzbuch, GA. V vom Jahre 1878, ist das Werk von Karl Csemegi und handelt von Verbrechen und Vergehen. Der ebenfalls von Csemegi verfaßte GA. XL vom Jahre 1879 befaßt sich mit Übertretungen. Das Einführungsgesetz für beide Gesetzbücher ist GA. XXXVII vom Jahre 1880.

Das ungarische Strafgesetzbuch teilt strafbare Handlungen nach dem Muster des französischen Code pénal in 3 Teile. Hauptstrafen sind: Die Todesstrafe, Freiheitsstrafen und Geldstrafen. Die erstgenannte kommt nur in 2 Fällen zur Anwendung: bei absichtlicher Tötung des Königs sowie bei Versuch dieses Verbrechens und bei vollendetem Mord. Doch kann auch bei diesen Handlungen wegen mildernder Umstände auf lebenslängliches oder eventuell 15 jähriges Zuchthaus erkannt werden. Ein noch nicht 20 jähriger Täter kann nicht zum Tode und nicht zu mehr als 15 Jahren Zuchthaus verurteilt werden. Die Todesstrafe wird durch den Strang vollzogen.

Von den Freiheitsstrafen kann die Zuchthausstrafe lebenslänglich oder auf eine bestimmte Zeit bemessen werden (Maximum 15, Minimum 2 Jahre). Das Maximum des Staatsgefängnisses — einer custodia honesta für politische Vergehen (Zweikampf usw.) — ist ebenfalls 15 Jahre, das Minimum 1 Tag. Die Staatsgefangenen dürfen zu keiner Arbeit gezwungen werden, können sich aber mit angemessener Arbeit befassen, sind nur nachts, tagsüber nicht isoliert, dürfen ihre eigenen Kleider tragen und sich selbst beköstigen. Das Maximum der Kerkerstrafe ist 10 Jahre, das Minimum 6 Monate. Der Verurteilte darf unter den festgelegten Arbeitsarten wählen. Das Maximum der Gefängnisstrafe beträgt 5 Jahre, das Minimum 1 Tag.

Das ungarische Recht kennt die Besserungsanstalt zur Besserung und Erziehung jugendlicher Verbrecher und die Vermittlungsanstalt als Übergang von einer Zuchthaus- oder Kerkerstrafe zur Freiheit. Durch GA. VII vom Jahre 1913 wurde ein Jugendgericht eingesetzt und dem Jugendrichter weitgehende Vollmachten zur Vorbeugung und zum Schutze gegen das sittliche Verkommen der Jugendlichen eingeräumt. Kommt es zu Verhandlung und Verurteilung, so beschließt der Richter entweder eine Strafe nach Maßgabe des StGB., die in einem Verweis, Gefängnisstrafe, Staatsgefängnis oder Geldstrafe bestehen kann, oder er ordnet eine Erziehungsmaßregel an (§ 16 GA. XXXVI vom Jahre 1908, § 23 GA. VII vom Jahre 1913). Ergänzt werden diese Bestimmungen noch durch GA. XXXIII vom Jahre 1927 betreffend den Schutz der Jugend auf dem Gebiete der Ausfolgung von geistigen Getränken und des Besuches von Vergnügungslokalen. GA. XXI vom Jahre 1913 befaßt sich mit den gemeingefährlichen Arbeitsscheuen und ermächtigte den Justizminister, Organisation und Geschäftsordnung der zu errichtenden Arbeitshäuser im Verordnungswege zu bestimmen (VO. Nr. 62000/1916 IM.). Für sogenannte verstockte Verbrecher führt GA. X vom Jahre 1928 die Verweisung in ein strenges Arbeitshaus ein.

Die Bewährungsfrist wurde durch die Strafgesetznovelle, GA. XXXVI vom Jahre 1908, eingeführt. Hiernach kann das Gericht aus triftigen Gründen die Vollstreckung einer nicht über einen Monat hinausgehenden Freiheitsstrafe oder einer Geldstrafe suspendieren, wenn es hiervon auf den Angeklagten günstige Wirkung erwartet. Die Wirkung der Suspendierung erstreckt sich auch auf die Geldstrafe als Nebenstrafe, jedoch nicht auf sonstige Verfügungen des Urteils, also namentlich nicht auf Ehrenfolgen und Schadenersatz. Eine Suspendierung ist nur ausnahmsweise zulässig, wenn es sich um einen Rückfälligen handelt, und überhaupt nicht, wenn die Tat aus niederen Motiven verübt wurde. Die Bewährungsfrist beträgt 3 Jahre, bei Übertretungen 1 Jahr. Verschieden von dem Strafaufschub ist die Probeverfügung bei Jugendlichen (§ 17 Punkt 2, §§ 21—23 StGN.). Verschieden ist auch die bereits im StGB. zugelassene Möglichkeit, Schwerverbrecher, wenn sie sich gut betragen haben, vor vollem Ablauf der Strafe bedingungsweise auf freien Fuß zu setzen. Ausländern und Rückfälligen ist diese Vergünstigung versagt.

Als Nebenstrafen kommen — außer der Geldstrafe — in Betracht: Amtsverlust, Aberkennung der politischen Rechte, Verbot der Ausübung einer Beschäftigung oder eines Amtes, Konfiskation und Vernichtung von Gegenständen, Ausweisung und polizeiliche Aufsicht. Die Prügelstrafe, die durch GA. XXVI vom Jahre 1920 auf ein Jahr probeweise eingeführt wurde, ist durch Erlöschen dieses Gesetzes wieder beseitigt.

Neben der eigentlichen Strafe zielte das Gesetz von Anfang an auch auf die Geltendmachung des zivilrechtlichen Anspruchs hin. Schon im StGB. bestehen Bestimmungen über Unterhaltsansprüche der Hinterbliebenen eines Getöteten, Ersatzansprüche wegen verursachter Kosten bei Körperverletzung usw. Die StPO., GA. XXXIII vom Jahre 1896, läßt die Geltendmachung des Zivilanspruchs bedingungslos zu, es sei denn, daß die Handlung nicht strafbar, das Strafverfahren auf unbestimmte Zeit aufgeschoben oder ein Strafbefehl erlassen worden ist, oder daß das Gericht den Geschädigten, um den Gang des Verfahrens nicht zu hemmen, auf den bürgerlichen Rechtsweg verweist. Eine den im Strafverfahren zugeurteilten Schaden übersteigende Forderung kann der Geschädigte dann noch auf dem Wege der Privatklage geltend machen. Dies gilt — soweit die Gesetze die Verurteilung zu einer Buße überhaupt zulassen — auch für diese. Eine Buße — Ersatz für einen Schaden, der kein Vermögensschaden ist — kennt namentlich GA. XIV vom Jahre 1914 betreffend die Presse, GA. XLI vom Jahre 1914 betreffend den Schutz der Ehre § 39, GA. XV vom Jahre 1920 betreffend die Preistreiberei zu Gunsten der Staatskasse § 28.

Die üblichen Unterscheidungen zwischen Arglist und Fahrlässigkeit, Vollendung und Versuch, Täter und Gehilfen, der Ausschluß des Strafverfahrens wegen Tod des Täters, Amnestie und Verjährung, Ausschluß der

Haftung wegen Unzurechnungsfähigkeit, berechtigter Selbsthilfe, Notwehr bestehen in dem ungarischen StGB. ebenfalls.

Gegenüber dem StGB. vom Jahre 1878 traten natürlich sowohl in bezug auf den Tatbestand als bezüglich des Strafmaßes mannigfache Änderungen ein. Hier seien nur die wichtigsten angeführt. Der bereits erwähnte GA. XLI vom Jahre 1914 betreffend den Schutz der Ehre normiert die Ehrenbeleidigung und die Verleumdung neu und führt als neue Delikte die Kreditschädigung und die Anschwärzung ein. Schon die StGN. (s. oben) enthält ergänzende Bestimmungen bezüglich der Geldfälschung und des Diebstahls und faßt die Bestimmungen über Kuppelei und Betrug abweichend vom bisherigen Recht. GA. III vom Jahre 1921 führt im Interesse des nachdrücklicheren Schutzes von Staat und Gesellschaft eine Reihe neuer Delikte ein, die sich u. a. auf die Schmähung des Staates oder dessen Einrichtungen und Funktionäre beziehen. Spezialgesetze, z. B. betreffend den Konkurs und Zwangsausgleich, die verschiedenen Steuergesetze, die Gesetze betreffend den Mißbrauch von Zahlungsmitteln, die Herstellung von Sprengstoffen und Sprengmitteln, die Abgeordnetenwahlen, die Bodenreform, den unlauteren Wettbewerb usw., enthalten viele Strafbestimmungen.

Was die Strafprozeßordnung anbelangt, so besitzt Ungarn eine moderne StPO. im GA. XXXIII vom Jahre 1896, die auf den Grundsätzen der Öffentlichkeit, Mündlichkeit und Unmittelbarkeit aufgebaut ist, die dem Anklageprinzip und der Verteidigung freien Raum gewährt und die für schwerere Delikte Schwurgerichte eingesetzt hat. Gewisse Unzuträglichkeiten veranlaßten die Gesetzgebung in GA. XIII vom Jahre 1914 den Einfluß des Berufsrichters auf das Verdikt einigermaßen zu steigern und das Verfahren bei der Fragestellung genauer zu regeln. Während der Wirrnisse des Weltkrieges mußte die Tätigkeit der Schwurgerichte eingestellt werden: sie ist heute noch suspendiert. Zurzeit verhandelt der am 26. IV. 1928 eröffnete ungarische Juristentag über die Wiederherstellung der Geschworenengerichtsbarkeit. An Stelle des früher bei den Gerichtshöfen bestehenden Dreiersenats setzt GA. XXIX vom Jahre 1921 den Einzelrichter, der auch die Hauptverhandlung führt, ohne daß das Stadium der Untersuchung und die Funktion des Untersuchungsrichters beseitigt würde. Sie ist aber wesentlich eingeschränkt, vgl. GA. XXXIV vom Jahre 1897 § 15.

In vielen Fällen entfällt auch die Anklageschrift und werden Einwendungen gegen eine solche nicht zugelassen. Eine weitere Vereinfachung erfuhr die Strafgerichtsbarkeit durch GA. X vom Jahre 1928, besonders bezüglich der Protokollführung und Urteilsfassung sowie auf dem Gebiete der Rechtsmittel. Für gewisse Fälle besteht noch die Ermächtigung der Regierung zur Verhängung der Statarialgerichtsbarkeit (GA. LXIII vom Jahre 1912 § 12 Punkt a, GA. XXXVIII vom Jahre 1920 betreffend Ausdehnung des Gebietes der Statarialgerichtsbarkeit, vgl. VO. Nr. 2731/1917, ME. 6563/1921, ME. 41900/1917, IM. 3000/1923, IM. und 135/1924 IM). Als Sondergerichte kommen heute noch in Betracht die bereits behandelten Jugendgerichte und die Wuchergerichte, deren Verfahren ebenfalls durch Verordnungen geregelt ist (VO. Nr. 5950/1920 ME., 6150/1923 ME., 6222/1923 ME., 6770/1925 ME.).

C. Privatrecht.

I. Geschichtliches. Die ungarische Nation war stets eine stark rechtsbildende. Zwar gehört die ungarische Nation nicht der Reihe jener Völker an, die sogenannte Musterrechte zustande gebracht haben, wie z. B. das römische Recht, auch die Hervorbringung großer Kodifikationen, die dann als beliebte Rezeptionsgrundlagen von anderen Nationen benutzt worden wären, gehört nicht zu ihren starken Seiten. Erforscht man aber, wie sehr das Recht aus dem Urgrund des Volkstums herausgewachsen und mit demselben verschmolzen ist, so läßt sich außer dem römischen und englischen kaum ein Staatswesen nennen, welches ein derart national durchgearbeitetes und in seiner Einheitlichkeit vollkommenes Ganzes hätte aufweisen können wie das ungarische Recht vor 1848.

Zur Zeit des ersten Königs, Stephans des Heiligen, hatte in Ungarn nur der bewohnte und bebaute Boden besonderen Wert. Der König, selbst der größte Gutsherr, erkannte dies mit scharfem Blick und übernahm zwei Grundsätze seines fränkischen Kollegen, denen auch Karl der Große seine musterhaften Einrichtungen verdankt, nämlich: „nulle terre sans seigneur“ und „eremus est causa regis“. Das Benefizialsystem war die Art, wie Militär, Beamte, Priester bezahlt wurden. In der ältesten Zeit war ein individuelles Eigentum nur in bezug auf Fahrnis anerkannt, während der Grund und Boden Gemeingut der Sippe war. Das änderte sich unter König Stephan insofern, als er bestimmte, daß jeder seinen Besitz seinem Weibe, Söhnen, Töchtern, Verwandten und der Kirche vermachen durfte, es sei denn, er hätte Untreue und Landesverrat begangen. Bald aber steuerte die Entwicklung wieder nach der alten Richtung, nämlich der Bindung des Grund und Bodens samt den darauf ansässigen Unfreien an die

Sippenanwartschaft. Auch das Persönlichkeitsrecht war im Laufe der Entwicklung starken Schwankungen ausgesetzt. Hatte es schon von Anfang an Unfreie gegeben, so wurde deren Stellung noch dadurch verschlechtert, daß der König dem Gutsherrn die Gerichtsbarkeit über seine Ansässigen übertrug. Anfangs geschah dies wohl im Interesse des arbeitenden Volkes, damit dieses möglichst bald und billig zu seinem Rechte komme (vgl. Urkunde des Königs Béla IV, 1245). Auf Grund der veränderten Anschauungen bildete sich aber bald die Ansicht, daß die Gerichtsbarkeit ein einseitiges Recht des Gutsherrn sei, und bei Verweigerung eines Urteils wurde nun nicht mehr die Angelegenheit selbst, sondern der säumige Gutsherr vor den König gebracht. Dadurch hatte sich natürlich das Los der Ansässigen und Leibeigenen stark verschlechtert. Diese Grundauffassung ist auch noch klar und deutlich im Tripartitum zu erkennen. Erst unter Maria Theresia wurde das Los der Leibeigenen erträglicher, als die Königin die Rechte und Pflichten zwischen Gutsherrn und Ansässigen in einem Regulativ, genannt „Urbarium", festlegte. Erst nach 1867 wurde die völlige Befreiung der Bauern durchgeführt und ihre Lasten staatlich abgelöst.

Der Versuch einer Modernisierung der Vermögensverhältnisse durch den ungekrönten Kaiser-König Joseph II. wurde mit dessen Tode hinfällig, und die Ansätze einer organischen Reform, eingeleitet durch die Gesetzgebung der Jahre 1840—1848 (s. GA. XV vom Jahre 1848 betreffend Aufhebung der Avitizität und Schaffung eines BGB.) wurden im Sturm der Revolution verweht und selbst durch die Judex-Kurial-Konferenz nur zum Teil gefördert.

II. Rechtsquellen. Die Rechtsquellen des ungarischen Privatrechts sind dieselben wie die des öffentlichen Rechts (vgl. oben). Dies gilt auch bezüglich der Normen der sogenannten Judex-Kurial-Konferenz, von denen jetzt bloß die zivilrechtlichen Bestimmungen von Bedeutung sind.

Die Judex-Kurial-Konferenz (JKK.) ist ein Elaborat, dessen Titel im vollen Wortlaut heißt: „Die von der Judex-Kurial-Konferenz vorgeschlagenen einstweiligen Jurisdiktions-Normen." Im Jahre 1860 wandte sich Kaiser Franz Joseph von den absolutistischen Regierungsmethoden ab und entschloß sich in dem sogenannten Oktoberdiplom den Weg der Verfassungsmäßigkeit wieder zu betreten. Gleichzeitig verfügte er die Ernennung des Judex Curiae und die Wiederherstellung der koniglichen Kurie. Daraus drohten große Gefahren, und eine verheerende Rechtsunsicherheit war zu befürchten, da die Munizipien sich weigerten, das österreichische Recht weiter anzuwenden. Es mußte also ein Übergang geschaffen werden. Der Kaiser berief nun eine Kommission von Rechtsgelehrten, die einen Entwurf für einen Regulativ verfassen sollten. Diese Verhandlungen bezeichnet man als die JKK., die einen Entwurf ausarbeitete, der im Mai 1861 dem Reichstag vorgelegt wurde. Nachdem der Herrscher das Elaborat bzw. die darauf bezüglichen Reichstagsbeschlüsse bekräftigt hatte, erklärte die königliche Kurie in ihrer gemischten Sitzung vom 23. VII. 1861 die im Entwurf enthaltenen Vorschriften, solange die verfassungsmäßige Gesetzgebung nicht anders verfügt, in ihrem Verfahren als Richtschnur befolgen zu wollen. Am selben Tag versandte der Judex Curiae die in Druck gelegten Exemplare den Munizipien, die das Werk ebenfalls angenommen haben.

Das Elaborat erstreckt sich auf das gesamte Gebiet der Gerichtsbarkeit, auf das materielle bürgerliche Recht, den Zivilprozeß, das Strafverfahren, das Wechsel-, Konkurs-, Handelsrecht, das Urbarial- und Bergrecht.

Die juristische Natur der Geltung der Beschlüsse der JKK. ist jener des Tripartitums ähnlich. Sie lassen sich nur auf den gewohnheitsrechtlich zur Geltung gelangten Satz zurückführen, wonach sie als Ganzes als geschriebenes Recht verbindlich sind. Nach der bereits bekannten Nomenklatur des § 19 GA. IV vom Jahre 1869 (vgl. oben im öffentlichen Recht unter „Rechtsquellen") müssen wir also die JKK.-Beschlüsse der Rubrik der „gesetzeskräftigen Gewohnheit" einverleiben. Auf die Gestaltung der Privatrechtsverhältnisse wirken mittelbar auch gewisse kirchenrechtliche Vorschriften (Patronat, Stolagebühren usw.).

III. Örtliche und zeitliche Geltung. Dem Recht unterworfene Personen.

1. Örtliche Geltung. Die Regeln des Internationalen Privatrechts sind im ungarischen Recht nur ganz sporadisch ausgebildet. Es gelten in der Hauptsache die allgemeinen Grundsätze. Hervorzuheben ist, daß das ungarische persönliche Eherecht auf dem Prinzip des Personalstatuts steht und ein Urteil eines ausländischen Gerichts in Ehesachen eines ungarischen Staatsbürgers nicht anerkennt (GA. XXXI vom Jahre 1894 §§ 114, 115). Dies ist der Standpunkt in Angelegenheiten des Personenstandes überhaupt (ZPO. § 414 Punkt 4). Die prozeßrechtlichen Folgerungen aus diesem Grundsatz ziehen §§ 414, 684, 685 ZPO. Auch sonst gilt bezüglich der Rechts- und Handlungsfähigkeit das Personalstatut vgl. GA. XXXI vom Jahre 1894 § 108, bezüglich der Formvorschriften eines Vertrages die lex loci con-

tractus vgl. GA. XXXI vom Jahre 1894 § 113 bzw. das Prinzip: locus regit actum. Auf dem Gebiete des Ehe- und Vormundschaftsrechts trat Ungarn durch GA. XXI, XXII und XXIII v. J. 1911 und LII v. J. 1912 den verschiedenen Haager internationalen Vereinbarungen bei. Da jedoch der Friedensvertrag von Trianon in seinem Art. 217, wo die wieder auflebenden internationalen Abmachungen aufgezählt sind, diese Vereinbarungen mit Ausnahme jener betreffend die Vormundschaft über Minderjährige nicht erwähnt, sind dieselben im Verhältnis zu den ehemals feindlichen Staaten nicht in Geltung, mit alleiniger Ausnahme zu Rumänien, mit welchem Lande ein in GA. VI vom Jahre 1925 inartikuliertes Abkommen sämtliche obenerwähnten Vereinbarungen der Haager Konferenzen wieder in Wirksamkeit setzt. Außerdem sind sie in Kraft zwischen Ungarn und Luxemburg, Holland, Deutschland, der Schweiz und Schweden.

Das Prinzip des Personalstatuts gilt außerdem auch im Wechselrecht bezüglich der passiven Wechselfähigkeit, GA. XXVII vom Jahre 1876 § 95.

Dagegen gilt das Territorialprinzip im Eherecht insofern, als gewisse Ehehindernisse auch Ausländern gegenüber gelten, GA. XXXI vom Jahre 1894 § 111, sowie ausnahmsweise auch bezüglich der Ungültigkeitsklage, wenn ein ungarischer Ehegatte mit einem Ausländer(in) in Ungarn die Ehe geschlossen hatte und der andere Ehegatte auswandert, a. a. O. § 117. Das Territorialprinzip gilt ferner vielfach im Zivilprozeß, so z. B. bezüglich der örtlichen Zuständigkeit (Wohnsitz als allgemeiner Zuständigkeitsgrund, § 19 ZPO. usw.), der Prozeßfähigkeit (§ 74 ZPO.), der Rechtsgültigkeit ausländischer Urteile (§ 414 ZPO.), der Zwangsvollstreckung (GA. LIV vom Jahre 1912 — Einführungsgesetz zur ZPO. — § 33), des Konkurses (GA. XVII vom Jahre 1881 — Konkursordnung — §§ 72, 75), des Zwangsausgleichs außerhalb des Konkurses (MinVO. 1410/1926 ME.).

Im Handelsrecht gilt bezüglich ausländischer Handelsgesellschaften insoweit das Territorialprinzip, als diese im Handelsregister nur eingetragen werden, wenn sie sich dem ungarischen Recht ausdrücklich schriftlich unterwerfen (GA. XXXVII vom Jahre 1875 — HGB. — §§ 211, 230). In bezug auf Handelsgeschäfte gelten die allgemeinen Grundsätze, da das HGB. keine Bestimmung trifft. Wegen von Amtswegen zu erfolgender Streichung eingegangener ausländischer Firmen im Handelsregister vgl. GA. III vom Jahre 1927 § 1.

2. Zeitliche Geltung. Grundprinzip: Das Gesetz hat rückwirkende Kraft bloß insofern, als es sich selbst eine solche verleiht. Vgl. Trip. Teil II Titel 2 § 7. JKK. § 19 erklärt auch nur ausnahmsweise die im Sinne der früheren Bestimmungen deponierten Testamente für gültig, mißt sich selbst aber sonst keine Rückwirkung bei. Doch richtig sagt Trip. a. a. O. weiter: Secus asset, si per verba in eadem Constitutione posita, et conscripta, Leges, et Constitutiones hujusmodi traherentur etiam ad praterita. Beispiele hierfür: letztwillige Verfügungen (GA. XVI vom Jahre 1876), Wucher (GA. XXV vom Jahre 1883), Eherecht (GA. XXXI vom Jahre 1894 § 138 Abs. 2, 139—141).

Manche Gesetze beschränken ihre Geltung auf eine gewisse Zeitdauer. In diesem Falle erlischt sie nach Ablauf der Zeit. So führte GA. XXVII vom Jahre 1920 für gewisse Delikte die Prügelstrafe ein, beschränkte jedoch die eigene Geltungsdauer auf 1 Jahr (§ 9). Die Geltungsdauer des GA. VIII vom Jahre 1925, worin auch bei den Gerichtshöfen das System des Einzelrichters eingeführt wird, ist auf 3 Jahre beschränkt, die eben ablaufen. Die Geltung soll aber um weitere 3 Jahre verlängert werden.

3. Dem Recht unterworfene Personen. Vom Standpunkt des Personalstatuts wurde diese Frage bereits behandelt. Hier sei bloß erwähnt, daß gewisse Personen Exemptionen genießen. So z. B. vermöge der Exterritorialität: ZPO. §§ 9, 290, Obersthofmarschallamts-Gericht: GA. XVI vom Jahre 1909. Mit der Frage, ob der Herrscher selbst den privatrechtlichen Normen unterworfen sei oder nicht, befaßt sich sehr eingehend Trip. Teil II Titel 5 und löst sie in bejahendem Sinne.

IV. Vorarbeiten zum Bürgerlichen Gesetzbuch. Das Tripartitum war einer der zahlreichen Versuche, das ungarische Privatrecht in ein einheitliches Gesetz zu fassen. Diese Bestrebungen führten in der weiteren Folge zur Verfassung des sogenannten Quadripartitum, GA. III vom Jahre 1527, GA. XXI vom Jahre 1548, GA. X, XI vom Jahre 1550, eine auf Geheiß des Königs Ferdinand I. zusammengestellte Kompilation, deren Gesetzwerdung daran scheiterte, daß der König die Aufnahme dreier, nach Auffassung der Kommission gesetzwidriger Bestimmungen forderte. Da die Kommission die Einschaltung derselben verweigerte, unterblieb die königliche Sanktion. Als Mittel zur Auslegung des Tripartitum und Spiegel der damaligen Rechtsgewohnheit besitzt dieses Werk immerhin eine gewisse Bedeutung. Nach dem GA. XXIV und CXXIV vom Jahre

1715 wurde eine „Commissio Systematica" entsandt, die 1717 in Preßburg ihre Tagungen begonnen hatte, um das bürgerliche Recht in ein einheitliches Gesetz zu fassen und verbessernde Vorschläge für das gerichtliche Verfahren zu erstatten. Die Kommission löste sich jedoch auf, ohne Nennenswertes hervorgebracht zu haben. In den Jahren 1790—1795 erschien ein „Projectum Legum Civilium", 1827 entsandte der Reichstag eine Kommission, die eine „Opinio" abgab, ohne die Sache vorwärts gebracht zu haben. GA. XV vom Jahre 1848 nahm die Bemühungen wieder auf und wies die Regierung an, ein den modernen Grundsätzen entsprechendes Bürgerliches Gesetzbuch auszuarbeiten. Doch die Revolution und ihre Niederwerfung verhinderten das weitere Vorgehen, bis nach Wiederherstellung der Rechtskontinuität 1867 die Regierungen wieder ans Werk gingen und in den Jahren 1871—1892 eine Reihe von Teilentwürfen herstellen ließen, von denen nur das Eherecht im GA. XXXI vom Jahre 1894 Gesetzeskraft erlangte.

Nach diesen mißglückten Versuchen entschloß sich nochmals der Justizminister A. v. Erdély, dem König den Vorschlag zur Schaffung eines einheitlichen Bürgerlichen Gesetzbuchs zu unterbreiten. Am 16. X. 1896 wurde die Einsetzung einer ständigen Kommission zur Vorbereitung eines BGB. angeordnet. Die Kommission tagte von 1897 bis 1900 und ihre Protokolle wurden veröffentlicht, ferner im November 1900 der Erste Vorentwurf des BGB. Ein Zweiter Vorentwurf wurde im Mai 1913 veröffentlicht. Der Ausbruch des Weltkrieges verhinderte den Abschluß des Gesetzgebungswerkes und der Entwurf, der bereits durch eine Spezialkommission des Abgeordnetenhauses durchberaten wurde, mußte sich damit begnügen, im Schoße der Gerichte sowohl wie im Publikum eine große Volkstümlichkeit zu erlangen, so sehr, daß sich seither die Gestaltung des Gewohnheitsrechts ganz merklich nach den Bestimmungen desselben richtete.

Nach Beendigung des Weltkrieges wurde der neubearbeitete Entwurf am 1. III. 1928 vom Justizminister Paul v. Pesthy dem Abgeordnetenhause vorgelegt; er umfaßt 2171 Paragraphen, die außer den einleitenden Vorschriften (§§ 1—7) und der Schlußbestimmung (§ 2171) in vier Hauptteile eingeteilt sind: a) Personen- und Familienrecht (Titel 1—5 §§ 8—430), b) Sachenrecht (Titel 1—3 §§ 431—944); c) Recht der Schuldverhältnisse (Einleitende Vorschriften §§ 945 bis 948, Titel 1—16 §§ 949—1764); d) Erbrecht (Titel 1—5 §§ 1765—2170). Lehnt sich dieser Entwurf auch stark an das deutsche BGB. an, so kann ihm doch eine gewisse Originalität nicht abgesprochen werden. Dieser Entwurf hat sich mehr mit dem geltenden Recht und den nationalen Eigenheiten abgefunden als seine Vorläufer, so vor allem im Ehegüterrecht und Intestaterbrecht. Aus dem Familienrecht sind Eheschließungen und Auflösungen der Ehe ausgeschieden und dem bestehenden, auf der Höhe stehenden Ehegesetz GA. XXXI vom Jahre 1894 vorbehalten. Leider sind die Ergebnisse der ausländischen Rechtswissenschaft nicht voll verwertet, wenn auch auf die deutsche Literatur und Indikatur viel mehr Rücksicht genommen wurde als in den vorherigen Entwürfen. Die Sprache ist kurz, bündig, einfach, klar und gefällig (s. Näheres über den neuen Entwurf des Zivilgesetzbuches bei v. Szladits in DJZ. XXXIII Heft 18 Sp. 1226—1231, ferner die Einleitung zu dem amtlichen Entwurf: Ungarns Privatrechtsgesetzbuch [ung.], Budapest 1928, S. III bis VIII).

V. Dogmatischer Teil.

1. Personenrecht. Jeder Mensch ist rechtsfähig, auch Mönche, sobald sie aus ihrem Orden ausgetreten sind und vom Papste die Erlaubnis zur Verwaltung ihres Vermögens erhalten haben (kgl. Kurie 966/1916). Beschränkt handlungsfähig sind Minderjährige und unter Pflegschaft Stehende, soweit sie nicht handlungsfähig sind, letzteres sind Kinder unter 12 Jahren, Geistesgestörte während der Dauer der Störung und nach Verhängung der Pflegschaft. Die Volljährigkeit tritt mit dem vollendeten 24. Lebensjahr ein. Das Mädchen wird auch durch Eheschließung volljährig (GA. XXIII 1874, § 2). Nach vollendetem 18. Jahre kann der Minderjährige für volljährig erklärt werden. Diese Volljährigkeit tritt auch ein, wenn er mit Zustimmung des gesetzlichen Vertreters selbständig ein Gewerbe ausübt. Minderjährige, die ihr 20. Lebensjahr vollendet haben, werden großjährig, wenn ihnen ihr Vermögen zu freier Verfügung übergeben wird oder der gesetzliche Vertreter zur Gründung eines selbständigen Haushaltes seine Einwilligung erteilt. Die Minderjährigkeit kann aus wichtigen Gründen verlängert werden. Die Pflegschaft wird über Volljährige verhängt wegen dauernder Geistesstörung, wegen Verschwendung, wegen ständiger Abwesenheit und wegen Verurteilung zu einer Freiheitsstrafe. Trunksucht ist an sich kein Grund, doch bemühen sich die Gerichte in schweren Fällen Abhilfe zu schaffen.

Der Minderjährige kann kraft seiner beschränkten Handlungsfähigkeit lukrative Rechtsgeschäfte unbeschränkt, onerose im Rahmen der allgemeinen Notwendigkeit unabhängig schließen. Er verfügt frei über seinen Erwerb. Sonst bedarf er der Zustimmung seines gesetzlichen Vertreters.

Die Regeln über die Todeserklärung enthält die ZPO. (§§ 732—748), die jedoch mit Rücksicht auf die lange Dauer des Weltkrieges und auf die große Anzahl der Verschollenen für diese durch VJM. 28000/1919, 27613/1920, 30000/1922, 63848/1922 und durch die auf Grund des GA. VIII 1925 § 54 erlassene VJM. 44200/1925 abgeändert worden sind. Die Todeserklärung aller derjenigen Kriegsverschollenen, die seit Beginn des Weltkrieges bis zum Inkrafttreten des Trianoner Friedensvertrags (d. h. nach dem 24. VII. 1914 und vor dem 27. VII. 1921) verschollen sind und von denen seit mindestens vom 27. VII. 1921 keine Nachricht eingetroffen ist, bestimmt sich nach den oben erwähnten Verordnungen. Die Todeserklärung einer verschollenen Person kann deren Ehegatte, die Erben und außerdem jeder beantragen, der an der Todeserklärung rechtlich interessiert ist (ZPO. § 732), bei Kriegsverschollenen steht dieses Recht auf Weisung des Waisenamts auch dem Waisenamtsfiskal zu (VIM. 28000/1919 § 2). Zuständig für das Verfahren ist der Gerichtshof, in dessen Sprengel der Verschollene seinen letzten allgemeinen Gerichtsstand hatte. Bei Inländern, welche den letzten allgemeinen Gerichtsstand im Auslande hatten, ist der vorhergehende inländische allgemeine Gerichtsstand maßgebend (ZPO. § 735). Das Verfahren ist ein Aufgebotsverfahren. Gegen das erste Urteil ist Berufung und gegen das Berufungsurteil Revision möglich (ZPO. §§ 744, 745, 747). Bei Todeserklärung Kriegsverschollener ist gegen das Ersturteil nur Rekurs an die königliche Kurie zulässig.

Als juristische Personen gelten privatrechtlich Vereine und Stiftungen, während die Handelsgesellschaften im Handelsrecht behandelt sind. Körperschaften des öffentlichen Rechts: der Staat — auch als Fiskus —, die Munizipien und Gemeinden usw. sind es ebenfalls. Ihre Rechtsfähigkeit erstreckt sich auf alle Rechtsverhältnisse, die nicht eine natürliche Person voraussetzen, also auch auf Ehre, Namen, Schutz gegen unlauteren Wettbewerb usw. Handlungsfähig sind die juristischen Personen durch ihre Organe. Das Vereinsrecht ist zurzeit noch nicht kodifiziert. Die allgemeinen Erfordernisse für die Gründung sind durch Verordnungen bestimmt (VIM. 1394/1873, Rundschr. d. IM. 1508/1875, RVO. 5084/1919 ME., VIM. 77000/1922). Die Körperschaftsbildung ist frei; der Sichtvermerk dient nur zu polizeilicher Aufsicht. Ebenso besteht Stiftungsfreiheit für piae causae (Kgl. Kurie 5856/909).

Bezüglich der Stiftungen bestehen nur einige alte Gesetze, die die Oberaufsicht dem König vorbehalten (GA. LXXIV 1715, GA. LXX 1723, XXI/1751, XXII/1790, XXVI/1790, XLIII und XLIV/1741, XIII/1765, XXVII/1790, XXX/1883, XLIII/1895, kgl. V. 2345/1777, s. noch GA. XX/1893, XIX/1897).

2. Eherecht. Für das persönliche Eherecht ist fast ausschließliche Rechtsquelle GA. XXXI 1894, wodurch die obligatorische Zivilehe in Ungarn eingeführt worden ist. Durch das Verlöbnis wird eine Klage auf Eingehung der Ehe nicht begründet, ein ungerechtfertigter Rücktritt macht jedoch schadensersatzpflichtig. Die Ehehindernisse sind teils trennende, teils nur aufschiebende. Öffentlich trennende Hindernisse d. h. solche, die eine dennoch geschlossene Ehe als nichtig erscheinen lassen, sind: a) gewisse Formmängel, b) Handlungsunfähigkeit, c) nahe Blutsverwandtschaft, d) Schwägerschaft, e) Bestehen einer gültigen Ehe, f) Lebensnachstellung des einen Ehegatten mit einem Dritten gegen den andern. Private trennende Hindernisse, d. h. solche, die eine geschlossene Ehe anfechtbar machen, sind: Eheunmündigkeit, Mangel der Einwilligung des gesetzlichen Vertreters bei Minderjährigen, Zwang, Irrtum, Täuschung. Aufschiebende Ehehindernisse d. h. solche, bei deren Vorliegen eine Ehe nicht eingegangen werden soll, die dennoch geschlossene aber gültig ist, sind: Schweben eines Entmündigungsverfahrens wegen Geisteskrankheit oder verkehrsunfähig machender Taubstummheit vom Zeitpunkte einer vorläufigen Verfügung oder der Fällung des noch nicht rechtskräftigen Urteils an, Mangel der Einwilligung des Pflegers, bei Geistesschwachen oder verkehrsunfähigen Taubstummen, Mangel der elterlichen Einwilligung bei Minderjährigen über 20 Jahre, Verwandtschaft bei Geschwisterkindern, adoptiver Verwandtschaft und Schwägerschaft, Ehebruch, Bestehen einer nichtigen Ehe, bewußte ober bewiesene Unrichtigkeit der Todesvermutung des früheren, für tot erklärten Ehegatten, Verurteilung wegen Täterschaft oder Teilnahme an dem verübten oder versuchten Morde oder vorsätzlichen Totschlage des Ehegatten desjenigen, mit dem der Verurteilte eine Ehe schließen will, Vormundschaft, Wartezeit, Mangel der Erlaubnis der kirchlichen Obrigkeit, Mangel der nach dem Wehrgesetz nötigen Erlaubnis, Mangel des Aufgebots, ferner bei Ausländern der Mangel eines Zeugnisses über das Nichtvorliegen eines Ehehindernisses nach ihrem Landesgesetzen.

Die Eheschließung, der in der Regel ein Aufgebot voranzugehen hat, erfolgt durch gleichzeitige und persönliche Erklärung des Eheschließungswillens vor dem zuständigen Zivilbeamten. Nach dem Vorbilde des französischen Gesetzes vom 4. IV. und 19. VIII. 1915, das für Frontsoldaten und Kriegsgefangene Stellvertretung bei der Abgabe dieser Erklärung zuließ, konnte auch in Ungarn in diesen Fällen die Willenserklärung ausnahmsweise durch einen Bevollmächtigten erfolgen, VIM. 60300/1916. Wie bekannt, läßt auch das kanonische Recht (Codex iuris canonici) can. 1088, 1089, das österreichische ABGB. sowie das tschechoslowakische Ehegesetz Stellvertreter zu. Die Ungültigkeit der Ehe ist teils Nichtigkeit, teils Anfechtbarkeit. Dazu kommt noch die Nichtexistenz. Während die Nichtexistenz auch ohne Prozeß und Urteil inzidental in Betracht kommt, muß die Nichtigkeit erst durch Urteil ausgesprochen werden. Die Ehe erlischt durch Tod eines Gatten oder durch Scheidung. Sie erlischt auch, wenn der eine Ehegatte für tot erklärt wurde und der andere eine neue Ehe schließt, es sei denn, daß die eine der die neue Ehe schließenden Parteien zurzeit der Schließung wußte, daß der für tot Erklärte lebt, oder wenn die neue Ehe aus einem anderen Grunde nichtig ist.

Scheidungsgründe sind: Ehebruch, widernatürliche Unzucht, wissentliche Bigamie, böswilliges Verlassen, Lebensnachstellung, eine die körperliche Unversehrtheit oder Gesundheit des anderen Ehegatten gefährdende ihm vorsätzlich zugefügte schwere Verletzung, Verhängung von Todesstrafe sowie schwerer Kerker- oder Zuchthausstrafe, und eine durch schwere Verletzung der ehelichen Pflichten oder ehrloses oder unsittliches Verhalten hervorgerufene derartige Zerrüttung, daß dem anderen Ehegatten die Fortführung der ehelichen Gemeinschaft nicht zugemutet werden kann. Da die Scheidungsgründe sämtlich ein Verschulden des Anderen voraussetzen, muß der Andere im Urteil für schuldig erklärt und die Ehe aus seiner Schuld geschieden werden. Unter Umständen können beide Ehegatten für schuldig erklärt werden. Der schuldige Ehemann ist verpflichtet, die unschuldige Ehefrau standesgemäß zu unterhalten. Die schuldige Frau darf den Namen des Mannes nicht weiterführen, die unschuldige kann es, wenn sie es sich im Prozeß vorbehalten hat. Das Scheidungsurteil verfügt auch bezüglich der Unterbringung und des Unterhaltes der unmündigen Kinder. Kinder bis zum 7. Jahre bleiben bei der Mutter, dann gebühren sie dem unschuldigen Elternteil. Wenn beide für schuldig erklärt worden sind, werden die Söhne der Fürsorge des Vaters, die Töchter der Fürsorge der Mutter anvertraut. Bei nicht genügender Klärung der Tatumstände kann der Richter die Entscheidung der Vormundschaftsbehörde abtreten, die übrigens auch eine bereits getroffene richterliche Entscheidung im Interesse des Kindes nachträglich abändern kann. Das Verfahren in Ehesachen ist geregelt in der ZPO. §§ 639—695. Über das persönliche Verhältnis der Ehegatten existieren hauptsächlich gewohnheitsrechtliche Normen. Haupt der Familie ist der Mann, doch hat er die Frau in gemeinschaftlichen Angelegenheiten zu hören und ihren vernünftigen Einwendungen und Ratschlägen nachzugeben. Die Ehefrau hat die Schlüsselgewalt und im Rahmen derselben das Vertretungsrecht. Wohn- und Aufenthaltsort bestimmt der Mann, doch ist die Frau nicht verpflichtet, ihm nach fernem Ausland oder in unerträgliche oder unwürdige Verhältnisse zu folgen. Zu Verträgen unter Eheleuten ist eine öffentliche Urkunde erforderlich. Im Ehegüterrecht herrscht das sogenannte Dotal-paraphernal-System. Die Ehe begründet an sich kein vermögensrechtliches Verhältnis zwischen Mann und Frau und der Mann wird nicht de jure Verwalter des Frauengutes und ihr Vertreter. Die deutsche Verwaltungsgemeinschaft als gesetzlicher Güterstand ist dem ungarischen Rechte unbekannt. Auch besteht keine Verpflichtung der Eltern zu einer Aussteuer oder Mitgift. Wird eine solche gegeben, so verwaltet sie der Mann als Nießbraucher und muß sie bei Erlöschen der Ehe zurückerstatten. Bei Nichtadligen und Nichthonoratioren besteht die Institution des sogenannten Miterwerbs. Die Frau erhält nach Erlöschen der Ehe ein Forderungsrecht auf Herausgabe der Hälfte dessen, worum sich das Vermögen während der Ehe vergrößert hat. Das Miterwerbsrecht ist ein Ehe-, kein Erbrecht, kommt also auch bei Scheidung zur Anwendung. Während bestehender Ehe ruht es und berechtigt nur ausnahmsweise zur Sicherstellung. Bei offenbarer Unbilligkeit kann der Mann Aufschub der Herausgabe bis nach seinem Tode fordern. Im BGB.-Entwurf ist das Institut des Miterwerbs ohne Klassenunterschied und auch zu Gunsten des Mannes anerkannt. Nach altem ungarischen Recht kann die Frau eine Morgengabe fordern, die auch rechtsgeschäftlich stipuliert werden kann. Der Anspruch erlischt wegen grober Undankbarkeit, Ehebruch usw. Auch die vertragliche Zusicherung einer Gegenmorgengabe ist zulässig.

3. Sonstiges Familienrecht. Die Legitimation eines unehelichen Kindes erfolgt durch nachträgliche Eheschließung ipso jure oder durch einen Gnadenakt des Königs.

Die Annahme an Kindes Statt muß durch eine Urkunde erfolgen, die bei der Annahme eines Volljährigen sogar eine öffentliche sein muß, VIM. 3546/1892. Sie kann weder an eine Bedingung noch eine Frist geknüpft werden und erfordert zwischen dem Annehmenden und Angenommenen einen Altersunterschied von mindestens 16 Jahren (JMV. 15839/1890). Sie bedarf stets einer regierungsbehördlichen Bestätigung, die durch den Justizminister, erfolgt (VIM. 3091/1871). Beim Minderjährigen ist noch die Genehmigung der Vormundschaftsbehörde erforderlich (GA. XX 1877 §§ 20, 113) und die Einwilligung des Minderjährigen, falls er das 14. Lebensjahr vollendet hat (VIM. 3546/1884, königlich ungarische Kurie 2751/1911). Auch das eigene uneheliche Kind kann mit Zustimmung des anderen Ehegatten angenommen werden. Mit der Annahme erhält der Angenommene die Rechtsstellung eines ehelichen Kindes (GA. XXXI 1894 § 18, königl. ung. Kurie RP. I 2527/1918). Der Annehmende erhält jedoch kein Erbrecht (königl. Kurie P VII 3309/1913). Mit der Annahme an Kindes Statt eines Ausländers durch einen ungarischen Staatsbürger erwirbt der Angenommene zugleich das ungarische Staatsbürgerrecht. Nicht nur betreffend die Herbeiführung der öffentlichen Standesfolgen, sondern auch sonst bei der Annahme an Kindesstatt hat sich eine ministerielle Rechtsübung ausgebildet, die als Richtschnur genommen wird (vgl. außer den bereits angedeuteten Verordnungen des königl. ung. Justizministers 3091/1871, 3546/1882, 3546/1884, 15389/1890 noch die 19405/1887, 1033/1890, 26877/1891 und 25000/1917 betreffs der Abänderung der 3546/1884).

Die Rechtsstellung des außerehelichen Kindes wurde durch die Kriegsverordnung, die auch nachher in Kraft geblieben ist, im Vergleich zum vorherigen Recht wesentlich günstiger (s. VO. des Ministerpräsidenten 3982/1916). Die Unterhaltspflicht dauert bis zum vollendeten 16. Lebensjahr, im Notfall auch bis zur erlangten Erwerbsfähigkeit, höchstens aber bis zur Volljährigkeit, außer wenn sich das Kind wegen geistiger oder körperlicher Gebrechen nicht zu ernähren vermag. Die Unterhaltspflicht geht auf die Erben über, kann aber den Betrag nicht übersteigen, der in Anbetracht der übrigen Verpflichtungen nach der Höhe des Nachlasses bemessen werden soll. Die Mutter kann den Ersatz der Kosten der Niederkunft und Unterhalt für 14 Tage vorher und 4 Wochen nachher fordern. Mittels einstweiliger Verfügung (die im sonstigen Zivilprozeßrecht nur ausnahmsweise zugelassen wird, vgl. weiter unten) kann der wahrscheinliche Vater zur Vorschußleistung bis zum Betrag von 3monatigen Unterhaltskosten angehalten werden. Die exceptio plurium concumbentium wird nur mit dem Nachweis zugelassen, daß die Mutter erwerbsmäßig Prostitution getrieben oder den Beischlaf in einer das Sittlichkeitsgefühl höchst verletzenden Weise ausgeführt habe. Zur Feststellung der väterlichen Anerkennung des unehelichen Kindes im Wege der freiwilligen Gerichtsbarkeit vgl. nun die VO. des Ministerpräsidenten 377/1922.

Das bestehende Recht kennt keine elterliche, sondern bloß eine väterliche Gewalt (GA. XX vom Jahre 1877 §§ 2, 27). Die Mutter ist nur dann der „natürliche und gesetzliche Vormund" ihres Kindes, wenn der Vater gestorben oder der väterlichen Gewalt verlustig gegangen ist (GA. XX vom Jahre 1877 § 25, s. auch § 29). Die Mutter des außerehelichen Kindes hat jedoch die volle Aufsichts- und Vertretungsmacht. All dies sowie das gesamte Vormundschafts- und Pflegeschaftsrecht ist in einem veralteten und auch unzulänglichen Gesetz enthalten (GA. XX vom Jahre 1877).

4. Zum Recht der Persönlichkeit sind bloß Ansätze in den Gesetzen vorhanden. Die sogenannten Immaterialgüterrechte machen sich privatrechtlich zumeist nur infolge des Grundsatzes bemerkbar, wonach jede strafbare Handlung auch zivilrechtlich eine unerlaubte ist und also zu Schadensersatz verpflichtet. Infolgedessen genießen Leben, Gesundheit, körperliche Unversehrtheit, persönliche Freiheit durch den strafrechtlichen mittelbar auch zivilrechtlichen Schutz. Das StGB. sorgt auch dafür, daß den Hinterbliebenen des Getöteten sowie dem körperlich Verletzten im Bedarfsfalle vom Täter Unterhalt als Schadensersatz geleistet wird. Mit dem Schutz der Ehre und des guten Rufes sowie des Kredits befaßt sich GA. XLI vom Jahre 1914, über den Schutz der Ehre, ferner auch GA. V vom Jahre 1923, über den unlauteren Wettbewerb § 13 (Ruf und Kreditschädigung). Durch Berufung auf § 39 des GA. XIV vom Jahre 1914, Pressegesetz, wird dem Richter die Möglichkeit eröffnet, als Ersatz des Schadens, der kein Vermögensschaden ist, dem Täter eine Buße aufzuerlegen. Die Praxis hat ferner der Frau, die durch Gewalt, List oder Mißbrauch ihres Abhängigkeitsverhältnisses ihrer Keuschheit beraubt oder verunstaltet und somit in ihrem normalen Fortkommen, der Verheiratung, beeinträchtigt wurde, wiederholt einen Betrag als Mitgift oder als Schadensersatz zugesprochen, um den erlittenen Nachteil auszugleichen (vgl. königl. Kurie 152/1895, 1672/1910, 8704/1915). Der

Namensschutz ist bereits als absolutes Recht ausgebildet, demzufolge dem Verletzer aufgetragen werden kann, die Tragung des unberechtigt geführten Namens zu unterlassen. Auch das Recht am eigenen Bilde ist anerkannt und wird auch durch das neue Urheberrechtsgesetz (s. unten GA. LIV vom Jahre 1921 § 64) erhalten. Ferner wurde dem bildenden Künstler das Recht zugebilligt, eine Änderung am Kunstwerk durch andere zu untersagen und für die Verletzung Schadensersatz zu fordern (GA. LIV vom Jahre 1921 § 65). Über Firmenrecht, Marken- und Patentrecht und Schutz gegen unlauteren Wettbewerb s. unten im Abschnitt Handelsrecht. Hier wollen wir uns nur noch kurz mit dem Urheberrecht befassen.

In dieser Beziehung besitzt Ungarn ein modernes Urheberrechtsgesetz im GA. LIV vom Jahre 1921. Es stellt unter Schutz nicht bloß Schrift- und Tonwerke mit Einschluß der Sicherung des ausschließlichen Rechts zur öffentlichen Aufführung von Bühnenwerken, musikalischen Bühnenwerken und Tonwerken, sondern auch die Schöpfungen der bildenden Kunst und des Kunstgewerbes. Die Schutzzeit beträgt im allgemeinen 50 Jahre über die Lebenszeit des Urhebers hinaus (§ 11). Rechtsfolgen vorsätzlicher oder fahrlässiger Urheberrechtsverletzung sind Geldstrafe und Schadensersatz für den erlittenen materiellen und ideellen Schaden; bei Schuldlosigkeit der Urheberrechtsverletzung ist der Verletzer bloß zur Herausgabe seiner eigenen Bereicherung verpflichtet (§ 18). Die Vorräte der durch Urheberrechtsverletzung zustandegekommenen Exemplare und die zum Zwecke der Urheberrechtsverletzung bestimmten besonderen Werkzeuge und Vorrichtungen werden konfisziert und vernichtet, sobald der die Konfiszierung anordnende Gerichtsbeschluß rechtskräftig ist, oder ihrer schädigenden Form entkleidet dem Eigentümer zurückgestellt (§ 20).

In internationaler Beziehung bestimmt das Gesetz, daß seine Bestimmungen auf Werke ungarischer Staatsbürger sich auch dann erstrecken, wenn das Werk zuerst im Auslande erschienen ist, während Ausländer soweit Staatsverträge nichts Anderes bestimmen, nur dann geschützt sind, wenn das Werk zuerst in Ungarn erschienen ist, es sei denn, daß ihnen der Schutz schon auf Grund des alten Gesetzes (GA. XVI vom Jahre 1884) zukam (§ 78), weil sie früher ungarische Staatsbürger waren oder ihre Werke bei einem ausländischen Verleger erschienen sind oder wenigstens seit 2 Jahren ständig in Ungarn wohnten und daselbst Steuern zahlten (vgl. GA. XVI vom Jahre 1884 § 79 III).

5. Sachenrecht. Das moderne Sachenrecht datiert seit Einführung des gutgläubigen Eigentumserwerbs und der Anlegung der Grundbücher. Im Interesse des grundbücherlichen Verkehrs bestimmte die JKK. (s. oben), daß diejenigen Verfügungen des österreichischen ABGB. die mit der Grundbuchordnung vom 15. XII. 1855 zusammenhängen, und die die Erwerbs- und Veräußerungsarten einer Sache bestimmen, die der Eintragung ins Grundbuch unterliegt, ausnahmsweise, trotz sonstiger Wiederherstellung des alten Rechts bestehen bleiben (vgl. JKK. I §§ 21, 145). Wir beschränken uns hier auf einige charakteristische Punkte; im übrigen verweisen wir auf den Überblick von Szladits im Rechtsvergleichenden Handwörterbuch (S. 279—280). Auf dem Gebiete des Fahrnisrechts wendete die Praxis gewohnheitsrechtsmäßig teils die Grundsätze des römischen Rechts, teils jene des österreichischen ABGB. an. Ergänzend griff das HGB. von 1875 (GA. XXXVII vom Jahre 1875) ein, dessen allgemeine Vorschriften mangels eines BGB. auch auf Rechtsverhältnisse außerhalb des Handelsrechts Anwendung fanden. Das auf Fahrnisse bezügliche Sachenrecht weist im übrigen keine besonderen Eigentümlichkeiten auf. Ein Gesetz betreffend das Registerpfandrecht befindet sich in Vorbereitung. Die Verpfändung von Fahrzeugen der Binnenschiffahrt ist in GA. IX vom Jahre 1927 geregelt. Betreffs Seerecht vgl. weiter unten im Handelsrecht. Wassermühlen sind Fahrnisse.

Auf dem Gebiete des Rechts der unbeweglichen Sachen wachte die Praxis bis gegen Mitte des Krieges aufmerksam über die Wahrung der Freiheit des Grundstücksverkehrs. In der 63. Plenarsitzungsentscheidung erklärte die königliche Kurie sogar die gegen den Grundstückserwerb der toten Hand gerichteten Gesetze: LV und LXV 1498, XVII 1647, XVI 1715 als veraltet außer Kraft stehend, wie sie auch die Gültigkeit des privaten Veräußerungs- und Belastungsverbots auf ein Minimum beschränkte (vgl. 74. Plenarsitzungsentscheidung). Der Wandel in dieser Grundauffassung offenbarte sich zuerst in der seither gesetzlich bekräftigten Kriegsverordnung, die für Veräußerungen und Belastungen von Grundstücken die Schriftform verbindlich machte (vgl. VMP. 4420/1918 betreffend der Ergänzung der auf die unbeweglichen Güter bezüglichen privatrechtlichen Vorschriften § 1, GA. XXXVI vom Jahre 1920 über die die richtigere Verteilung des Grundbesitzes regelnden Bestimmungen § 77). Noch tiefergehende Änderungen zu dem früheren Rechtszustande sind durch die mit der Bodenreform zusammenhängenden Beschränkungen der Erwerbsfähigkeit und der Verkehrsfähigkeit der Liegenschaften eingeführt worden. Die Bodenreform wurde durch GA. XXXVI vom Jahre 1920 und durch die Novelle im GA. VII vom Jahre 1924 über die Ergänzung des GA. XXXVI vom Jahre 1920 sowie durch eine Reihe von anschließenden Verordnungen durchgeführt. Sie hatte den Zweck, die Verteilung des ungarischen Grundbesitzes richtiger zu gestalten und denjenigen den Erwerb von Grundbesitz zu erleichtern, die zur sorgfältigen und fleißigen Bebauung des Bodens fähig und auch geneigt waren, jedoch unter ihren bisherigen Verhältnissen ohne ihr Verschulden zu keinem Grundbesitz gelangen konnten. Die vor dem Kriege bestehenden Veräußerungs- und Belastungsverbote haben sich in der Nachkriegszeit vermehrt. Nur mit Zustimmung des Landes-Bodenregelungsgerichts können nämlich die Familienheimstätten (GA. XXXVI vom Jahre 1920 §§ 70—75) veräußert oder belastet werden, es sei denn, daß öffentliche Schulden sicherzustellen sind, oder eine Belastungsgrenze eingetragen ist und die einzutragende Hypothek samt den eingetragenen Lasten die Belastungsgrenze nicht übersteigt (GA. XXXVI vom Jahre 1920 § 71 I, II, VI). Dasselbe gilt auch betreffs der auf Grund des GA. XXXVI vom Jahre 1920 zugewandten, nicht für Familienheimstätten erklärten Liegenschaften innerhalb 10 Jahren von der Eintragung des Eigentumsrechts zu Gunsten des Erwerbers an gerechnet (GA. XXXVI vom Jahre 1920 § 76). Gleichfalls können die Kriegsgrundstücke nur mit behördlicher Zustimmung veräußert oder belastet werden. Die Ersitzungszeit beträgt bei Grundstücken, ebenso wie bei beweglichen Sachen, nach altem, auf das Tripartitum (I 78, § 2) zurückzuführendem Brauch, gewöhnlich 32 Jahre (s. königl. Kurie 1899: 6647), dem Staate gegenüber 100 Jahre (s. königl. Kurie 1900: 2931), der katholischen Kirche gegenüber 40 Jahre.

Ein Miteigentum an Grundstücken ist im Prinzip nur zu bestimmten Bruchteilen möglich. Durch GA. XII vom Jahre 1924 über das Kompagniehauseigentum wurde eine Art Stockwerkeigentum eingeführt, das eine Teileignerschaft in natura nebst sonstigen Miteigentum an Bauten, Lokalitäten (Wohnungen) oder Stockwerken derart ermöglicht, daß Gebäude, Stockwerk usw. zusammen mit den aus dem Miteigentum fließenden Rechten einen besonderen Anteil bildet (§ 1). An beschränkten dinglichen Rechten, sogenannten Belastungen, kennt das geltende ungarische Recht die Grund- und persönlichen Dienstbarkeiten, die Reallasten und das Pfandrecht. Unter den persönlichen Dienstbarkeiten ist der Nießbrauch von größter Bedeutung, der nicht nur an Grundstücken, sondern auch an beweglichen Sachen, an Rechten (königl. Kurie 5751/1905) sowie an einem Vermögen (vgl. königl. Kurie 3690/1914 [prinzipielle Entscheidung Nr. 431], 1915 Rp. I 4934, GA. XV vom Jahre 1877 über die Vormundschaft und Pflegschaft §§ 16, 17 III [gesetzlicher Nießbrauch des Vaters am Kindesvermögen], JKK. I § 16, Trip. I 98 [s. dazu auch GA., LXI: 1618, LXVII: 1622, CV: 1647, XXV: 1655], GA. VIII vom Jahre 1840 über die Erbfolge des Hörigen §§ 16—18 [Nießbrauch kraft Witwenrechts]) möglich ist. Die Reallasten beruhen entweder auf Rechtsgeschäft oder auf Gesetz. Teils auf Gesetz, teils auf Rechtsgeschäft beruht die Reallast bei den sogenannten Rentengütern (GA. XXXVI vom Jahre 1920 §§ 61—69). Zu den beschränkten dinglichen Rechten gehört auch das Erbbaurecht, das jedoch in Wirklichkeit kaum vorkommt. Der Entwurf eines ungarischen BGB. regelt aber sehr eingehend das Erbbaurecht (§§ 691—711). Die Reallast kann das Grundstück auch derart belasten, daß im Interesse der Benutzung eines anderen Grundstücks (des herrschenden Grundstücks) an den jeweiligen Eigentümer des Grundstücks wiederkehrende Leistungen zu erfüllen sind, deren Gegenstand die Erzeugnisse oder Bodenbestandteile des belasteten Grundstücks sind.

Keine dinglichen Rechte, aber fähig ins Grundbuch eingetragen zu werden, sind: das Veräußerungs- und Belastungsverbot, Miet- und Pachtrechte und verschiedene Rechte, die durch Anmerkung offenkundig gemacht werden können.

Den Grundgedanken des Hypothekengesetzes, GA. XXXV vom Jahre 1927, bildet das Streben nach größerer Mobilisierung des Grundbesitzes zur Befriedigung des gesteigerten Kreditbedürfnisses und zur Erleichterung des Krediterwerbs. Das Gesetz hat eine Reihe bisher unbekannter Institutionen eingeführt. Es stellt sich unbestreitbar auf den Grundsatz der abstrakten Auflassung, während bisher ein gewisses Zurückgreifen auf die Causa erfolgte (§ 6). Es sorgt für Befreiung des Grundstücks von Hypotheken, die zu Gunsten unbekannter Gläubiger und solcher unbekannten Aufenthalts bestehen, durch ein entsprechendes Aufgebotsverfahren (§§ 15—16). Überdies weist es eine starke Annäherung an das System der fixen Rangordnung der Grundstückspfandrechte auf und verallgemeinert die bisher bloß für landwirtschaftliche Grundstücke durch GA. XV vom Jahre 1925 (über einzelne den Erwerb des landwirtschaftlichen

Kredits erleichternde Verfügungen) eingeführte (§§ 6—9) Eigentümerhypothek (§§ 18 bis 22). Es gestattet ferner die Eintragung einer Sicherungshypothek für die Forderung aus einer Schuldverschreibung auf den Inhaber, aus einem Wechsel oder aus einem anderen indossablen Papier, wobei die Übertragung und Belastung einer solchen Hypothek auch außerhalb des Grundbuchs durch entsprechende Übertragung des Papiers erfolgen kann (§ 66). Nach dem Vorbilde des deutschen BGB. (§§ 1191—1198) führt es auch die abstrakte Grundschuld (§§ 81—86), ferner die Hypotheken- und Grundschuldbriefe (§§ 87—113) ein.

6. Obligationenrecht. Außer einigen Spezialgesetzen waren seit Wiederherstellung der Rechtskontinuität (1867) das römische Recht, das österreichische ABGB. und ergänzend die allgemeinen Bestimmungen des HGB. maßgebend. Seitdem das deutsche BGB. in Wirksamkeit trat, wurde dessen Einfluß sehr stark. An nationalen Eigentümlichkeiten ist naturgemäß dieser Teil des Privatrechts am ärmsten. Wir beschränken uns auf Hervorhebung einiger wichtiger Punkte, im übrigen sei verwiesen auf den obengenannten Überblick von Szladits (S. 280—281).

Nach dem ungarischen Rechte gilt einerseits als Regel die Vertragsfreiheit, andererseits der Grundsatz der Formfreiheit für schuldrechtliche Geschäfte, jedoch ist der Schriftzwang durch den GA. XXXVI vom Jahre 1920 (§ 77), der nur die Verordnung des Ministerpräsidenten 4420/1918 bestätigt, für die Belastungen und Veräußerungen von Grundstücken überhaupt eingeführt worden. Auch ist jetzt die schriftliche Form zu jedem Vertrag erforderlich, durch den eine Abweichung von der gesetzlichen Haftung im Tierhandel getroffen werden soll (GA. X vom Jahre 1923 über die Haftung im Tierhandel [§ 2]). Gleichfalls besteht der Schriftzwang für die Gründung des Kompaniehauseigentums (GA. XII vom Jahre 1924 § 1, s. dazu VO. des Justizministers 30000/1925 über die grundbücherliche Eintragung des Kompaniehauseigentums § 5). Bereits vor dem Kriege war eine notarielle Urkunde erforderlich, nicht allein bei den Verträgen, die die Vermögensverhältnisse unter den Ehegatten als solchen regelten, sondern auch bei allen zwischen den Ehegatten und Verlobten zustande gekommenen Kauf- (s. auch Kurie 534/912 XIV 263), Tausch-, Lebensrenten- (s. auch Kurie 4129/1913), Darlehens-, auf Grundstücke bezüglichen, länger als auf 3 Jahre geschlossenen Pacht- und Mietverträgen, bei Schuldanerkenntnissen, Abtretungen von Forderungen, sowie überhaupt bei allen denjenigen Rechtsgeschäften, durch die der eine Ehegatte oder Verlobte das Eigentum oder die Nutznießung seines unbeweglichen Vermögens auf den anderen übertrug, besonders bei Schenkungen von Immobilien und, falls der Schenkungsgegenstand nicht übergeben wurde, auch bei Schenkungen von beweglichen Sachen (GA. VII vom Jahre 1886 § 22).

Von den unerlaubten Rechtsgeschäften sei hier nur auf die wegen Verstoßes gegen die guten Sitten nichtigen hingewiesen. Verstößt nicht bloß die Annahme, sondern auch das Darbieten einer Leistung gegen ein gesetzliches Verbot oder liegt eine beiderseitige turpis causa vor, so kann die Erfüllung der versprochenen Leistung auf gerichtlichem Wege nicht gefordert werden, während der Leistende trotz seiner Schuld oder Unsittlichkeit die von ihm dargebotene Leistung nach den Grundsätzen der ungerechtfertigten Bereicherung zurückfordern kann, es sei denn, daß es sich um Rechtsgeschäfte handelt, deren Unsittlichkeit für einen jeden derart offenkundig und schwerwiegend ist, daß die allgemeine und jeweilige öffentliche moralische Auffassung es nicht duldet, daß die Partei eine derartige Leistung zurückfordern könne (königl. Kurie 164/922, Gr. XVII 344, s. auch Kurie 1900 G. 443). Ein gesetzliches Verbot versagt die Wirkung des Rechtsgeschäfts bald ausdrücklich (vgl. GA. XVII vom Jahre 1884 [Gewerbegesetz] § 162, GA. XXV: 1900 § 4, GA. XLV: 1907 §§ 7 II, GA. V: 1923 § 14, GA. XXV: 1923 § 1), bald stillschweigend dadurch, daß es dessen Vornahme verbietet und zugleich irgendwie andeutet, seine Folgen nicht dulden zu wollen (GA. L 1914 über die Ergänzung des GA. LXIII 1912 und GA. LXVIII 1912 § 1 III).

Ein unliebsamer Charakterzug der Rechtsentwicklung der letzten Jahre liegt in der Unsicherheit über die Frage der Zinsen. Nach dem GA. XXXIX 1923 über die im Falle säumiger Leistung einer Geldschuld dem Gläubiger zukommende Entschädigung hat der Schuldner, der mit der Leistung einer auf einem Handelsgeschäft, Wechsel oder einem anderen privatrechtlichen Titel beruhenden Geldschuld nach dem 16. XII. 1923 in Verzug gerät, dem Gläubiger nicht die gesetzlichen Verzugszinsen, sondern einen in Prozenten des Kapitals ausgedrückten Schadensersatz zu entrichten. Dieser hat einen strengeren und einen milderen Maßstab. Das strengere Maß kommt im Falle des schuldhaften Verzugs zur Anwendung, das mildere bei schuldlosem Verzug oder wenn es infolge der persönlichen Umstände oder der Lebensverhältnisse des Schuldners vollkommen ausgeschlossen ist, daß er während der Verzugszeit mit dem Schuldbetrage spekuliert hat.

Völlig unsicher gestaltete sich die Praxis auf dem Gebiete der vertraglichen Zinsen, und niemand weiß, ob überhaupt ein gesetzliches Maximum besteht.

Die sogenannte wirtschaftliche Unmöglichkeit der Leistung geht als Problem auf die Zeit des Krieges zurück. In Ungarn war es das Schiedsgericht der Budapester Börse, das zuerst erkannt hat, daß der Verkäufer zur Erfüllung nicht angehalten werden könne, wenn mittlerweile eine derartige Verschiebung in den wirtschaftlichen Verhältnissen eingetreten war, daß diese nur unter ungleich größeren Opfern, Schwierigkeiten und Risiken erfolgen könne. Später griffen auch die ordentlichen Gerichte diese Gedanken auf, und es wurde dem Verkäufer erleichtert, sich von einem unrentabel gewordenen Geschäfte zu befreien. In seiner endgültigen Gestalt lautete der Rechtssatz, daß wirtschaftliche Unmöglichkeit nicht nur dann vorliege, wenn die Leistung einen größeren Vermögensruin des Schuldners nach sich zöge, sondern auch dann, wenn zwischen Leistung und Gegenleistung eine auffallende Unverhältnismäßigkeit bestünde und die eine Partei auf Kosten der anderen in eine unverhältnismäßig günstigere Vermögenslage geraten würde. Im Laufe der Zeit hat sich jedoch die Auffassung herausgebildet, daß bei wirtschaftlicher Unmöglichkeit an dem Vertrage festgehalten werden kann, jedoch dann der gegenwärtige Wert zu entrichten ist. Der letzte Entwurf eines BGB. nahm in § 1150 Bestimmungen auf, die dem genannten in der Praxis entstandenen Institut den Charakter der Beständigkeit aufzuprägen wünschen. Mit dem allmählichen Aufkommen der Aufwertung trat übrigens das Institut in den Hintergrund.

Auf dem Gebiete des Aufwertungsrechts sind die ersten gesetzlichen Bestimmungen durch GA. VIII 1926 über einzelne auf die Geldstrafen und Geldbußen bezüglichen Verfügungen getroffen worden. Es folgen GA. XVI vom Jahre 1926 über die Aufwertung der Ruhegehälter und Witwen- und Waisenversorgung der Privatangestellten, ferner GA. XII 1928 über die allgemeine Aufwertung, obschon sich auch dieses Gesetz nur Gesetz über die Umwertung einzelner privatrechtlicher Geldschulden nennt. Dieses Gesetz ist durchaus kein gelungenes. Es steht auf dem Standpunkt eines übertriebenen Schuldnerschutzes. Manche Lücken ließ das Gesetz unausgefüllt, obwohl eine klare Feststellung erwünscht gewesen wäre. So ist z. B. nicht gesagt, nach welchem Schlüssel bei der Aufwertung vorzugehen sei. Das Gesetz steht auf dem Standpunkt der grundsätzlichen Nichtaufwertung. Es geht von dem Grundsatz aus, daß der ungarische Staat nicht in der Lage sei, eine Aufwertung seiner Schulden auch nur im geringsten Maße zu gewähren und zieht daraus die logische Folgerung, daß auch diejenigen eine Aufwertung nicht zu leisten vermögen, die gezwungen waren, ihr Kapital dem Staat zu leihen oder die Begleichung ihrer Forderung in entwerteten Kronen anzunehmen. Demgemäß hat es im allgemeinen vor allem die sogenannten reinen Geldschulden von der Aufwertung grundsätzlich ausgeschlossen. Ebenso sind ausgeschlossen alle privatrechtlichen Geldschulden des Staates, der Munizipien und Gemeinden mit Einschluß der in Wertpapieren ausgedrückten Geldschulden, wie auch die Geldschulden der Post, der Postsparkassen und der Staatsbahnen. Diese Regelbestimmungen sind aber durch Ausnahmen vielfach durchbrochen. Bei Obwalten gewisser Umstände findet dennoch eine Aufwertung statt.

In bezug auf die Aufwertung zu Gunsten eines ausländischen Gläubigers steht das Gesetz sehr richtig auf dem Standpunkt der materiellen Reziprozität.

Grundsätzlich verschließt sich die Kurie dem Ansuchen nach Devalorisation bei mittlerweiler Erhöhung des Geldwertes mit der Begründung, niemand dürfe aus eigenem Versäumnis einen Nutzen ziehen (P. IV 1268/1925).

Für das Maß der Aufwertung gilt in erster Reihe die Vereinbarung der Parteien, wenn eine solche getroffen wurde (§ 11). Im übrigen soll das Gericht sämtliche Umstände des Falles billig in Betracht ziehen, namentlich, ob die Parteien die Entwertung vorhersehen konnten oder mußten, wie der Schuldner den Betrag benutzt, angelegt, verbraucht hat oder verbrauchen konnte, ob der Gläubiger nicht im Geltendmachen der Forderung unbegründet säumig war, ob der Schuldner bereichert wurde und ihm die Bereicherung verblieben oder schuldlos verloren gegangen war und in welchem Verhältnis Leistung und Gegenleistung zueinander standen. Die Aufwertung kann eine volle sein, insbesondere bei schuldhaftem Verzug, bei absichtlich verübter unerlaubter Handlung oder wenn dem Schuldner aus der Entwertung des Geldes kein Nachteil erwuchs. Die Aufwertung soll wo möglich keiner Partei zum materiellen Ruin gereichen.

7. Unerlaubte Handlungen. Die privatrechtliche Deliktsfähigkeit tritt mit vollendetem 12. Lebensjahr ein (Trip. I Tit. 111 §§ 3, 5, StGB. § 83, Strafgesetznovelle GA. XXXVI vom Jahre 1908 über die Ergänzungen und Abänderungen der Strafgesetzbücher und Strafprozeßordnung

(Art. IV) § 15 I. Bei Kindern zwischen 7 und 12 Jahren wird unterschieden, ob sie „die zur Erkenntnis der Verantwortlichkeit erforderliche Einsicht" haben. Auch das ungarische Recht bürdet bejahendenfalls dem Minderjährigen die volle Haftung auf (königl. Kurie 5064/1913).

Auch Fahrlässigkeit verpflichtet zu Schadensersatz (vgl. z. B. GA. LIV vom Jahre 1921 über das Urheberrecht § 18, GA. V vom Jahre 1922 über den unlauteren Wettbewerb § 1 II). Unerlaubt ist eine Handlung nur, wenn sie die Verletzung einer Rechtspflicht darstellt. Als Schadenersatzverpflichtungen aus unerlaubten Handlungen kommen zunächst folgende Tatsachen in Betracht: a) jedwede Vermögensbeschädigung wie z. B. Besitzstörung, Brandlegung, Veruntreuung, Beschlagnahme bösen Glaubens, b) Entziehung einzelner Vermögensbestandteile, wie z. B. Diebstahl, Unterschlagung, Raub, Erpressung, Betrug, ungerechtfertigte Aneignung, Hehlerei, Entziehung des Befriedigungsfonds vor dem Gläubiger entweder durch böswillige Vermögensübertragung zu diesem Zwecke oder durch betrügerische Kollusion mit dem Schuldner zur Schädigung des Gläubigers, schlechte Anratung usw. Als verletzbare Rechtsgüter kommen auch die Immaterialrechte sämtlich in Betracht. So tritt bei Verletzung der Ehre, des guten Rufes, des Kredits und der Kreditfähigkeit nach GA. XLI 1914 über den Schutz der Ehre (§ 28) auch Schadensersatz ein. Auch nach dem Pressegesetz kann der Beleidigte über den Ersatz des Schadens an seinem Vermögen hinaus auch für seinen nicht am Vermögen erlittenen Schaden eine entsprechende Entschädigung in Geld verlangen, sofern dieselbe in Anbetracht der Umstände des Falles der Billigkeit entspricht. Das Pressegsetz bringt in Bezug auf den Schadensersatz das Prinzip der stufenweisen Haftung zur Geltung (in erster Reihe die verurteilte oder sachfällige Person, dann der Herausgeber, dann der Eigentümer der Druckerei oder anderweitigen Vervielfältigungsanstalt) (vgl. GA. XIV vom Jahre 1914 § 40 I—II). Leben, Gesundheit, Freiheit, Brief- und Geschäftsgeheimnis, wie auch andere rein persönliche, das Vermögensrecht nicht berührende Interessen (StGB. §§ 198, 292, 311, Budapester GerHof G. 839/1909) sind auch schadensersatzrechtlich geschützt. So kann derjenige, der eine körperliche Verletzung erlitten hat, von demjenigen, der diese verursacht hat, möge auch aus derselben kein materieller Schaden entstanden sein, den Ersatz seines moralischen Schadens verlangen, insofern dies nach den Umständen des Falles billig erscheint (Prinzipielle Entscheidung Nr. 537). Beim Urheberrecht (GA. LIV 1921 §§ 18, 19, 21 II, 22 I, 22 V, 47 I, 48, 57, 58, 65, 71, 74 II, 76), auf dem Gebiete des unlauteren Wettbewerbs (GA. V 1923 §§ 1 II, 14 II, 33—35), des Patent- (GA. XXXVII 1895 § 52) und Warenzeichenrechts (GA. II 1890 §§ 27 IV—VI, 28 III) wird Genugtuung auch für Nichtvermögensschaden ausdrücklich bestimmt. Im Verhältnis zum Strafrecht ist zur Begründung der Schadenshaftung nicht erforderlich, daß die Handlung strafbar sei (Budapester Tafel I. G. 271/1898). Der Zivilrichter entscheidet selbständig und unabhängig von dem strafrechtlichen Freispruch über die privatrechtlichen Konsequenzen der den Schaden verursachenden Handlung, er beurteilt auch selbständig die der privatrechtlichen Forderung zu Grunde liegenden Tatsachen (königl. Kurie 5788/910).

Was die Bemessung der Schadensfolgen betrifft, so neigt die neuere Praxis zur Außerachtlassung des Unterschiedes zwischen dem tatsächlich eingetretenen Vermögensverlust (damnum emergens) und dem entgangenen Gewinn (lucrum cessans) auf kommerziellen und zur Betonung desselben auf rein privatrechtlichem Gebiet. Der Regel nach hat der Schadensstifter den ganzen Schaden zu vergüten, der durch die verkehrsübliche Sorgfalt des Beschädigten nicht zu verhüten war (Szegeder Tafel 71/1900, auch HGB. § 476). Durch die neueren Gesetze, so das Gesetz betreffend den Schutz der Ehre (GA. XLI 1914 § 25) betreffend den unlauteren Wettbewerb (GA. V 1923 §§ 16—22), das Urheberrecht (GA. LIV 1921 §§ 18 I, 22 I, 23 I, 37 I, 48, 57, 58, 65, 71, 74 II, 76) und die Preistreiberei (GA. XV 1920 §§ 63, 4, XXVI 1920 § 8, XXXII vom Jahre 1923 § 21) wurde für absichtlich begangene Schädigung der Gedanke der Buße heimisch. Auch sorgen die angeführten Gesetze für sonstige Arten der Genugtuung, so Veröffentlichung des Urteils, Verbot der Ausübung schädigenden Gewerbes oder Beschäftigung usw.

Ist auch der Geschädigte am Eintreffen des Schadens schuld oder gar vorwiegend, so tritt eine Minderung, eventuell sogar Aufhebung der Ersatzpflicht ein (Kgl. Kurie 3284/1901).

Auch der schuldlose Täter kann zu ganzem oder teilweisem Ersatz angehalten werden, wenn dies unter billiger Berücksichtigung sämtlicher Umstände des Falles, auch der Vermögenslage der Parteien, als angebracht erscheint und der Schaden anderweitig nicht ersetzt werden kann (Kgl. Kurie 3742/1913, 773/1914).

Besondere Gesetze sorgen für Errichtung und Instandhaltung von Vorkehrungen zur

Wahrung der körperlichen Unversehrtheit, der Gesundheit und des Lebens von Angestellten industrieller und sonstiger Betriebe (GA. XXVIII 1893 über den Schutz der Industrie und Fabriksangestellten gegen Unfall und die Gewerbeinspektoren §§ 1—7, s. auch §§ 14, 36; 37—39; GA. XVII vom Jahre 1884 Gewerbegesetz §§ 30, 36, 114, 116, 161; GA. XVIII 1874 über die Haftung betreffs der durch Eisenbahnen verursachten Tötungen und körperlichen Verletzungen § 11, s. auch §§ 2—5, 9—10; Ökonomiebeamten: GA. XXVII 1900, § 9 II; landwirtschaftliche Arbeiter: GA. XIV 1902 über die Ergänzung des GA. XVI vom Jahre 1900 über die Unterstützungskasse der landwirtschaftlichen Arbeiter und Dienstboten §§ 6, 26).

An Erfolghaftung kennt das ungarische Recht außer der bereits erwähnten Haftung der Eisenbahnen, die analog auch für alle gefährlichen Betriebe, mögen sie industriellen, landwirtschaftlichen, Sport- oder Vergnügungszwecken dienen, wie für Straßenbahnen, Schiffahrtsunternehmungen, ja Badeanstalten und Kraftwagenbesitzer (S. prinzipielle Entscheidung der königl. Kurie Nr. 185) gilt, die Haftung des Gastgebers für eingebrachte Sachen, die in einem neuen Gesetz, GA. XIII vom Jahre 1924 über die Haftung des Gastgebers und die Sicherstellung seiner auf der Beherbergung beruhenden und mit dieser zusammenhängenden Forderungen (§§ 1—3, auch §§ 4—6) geregelt ist. Der Besitzer eines gefährlichen Betriebes, wie überhaupt derjenige, der eine Beschäftigung betreibt, die vermöge ihrer Natur mit der Möglichkeit der Schadensverursachung verbunden ist, haftet grundsätzlich objektiv.

8. Erbrecht. Dieser Teil des ungarischen Privatrechts trägt am meisten das nationale Gepräge an sich, mögen auch andererseits fremdrechtliche Einflüsse niemals gefehlt haben. Nach wechselvoller Entwicklung ist das ungarische Erbrecht heute ein organisch ausgebildetes auf hoher Stufe stehendes System. Quellen des ungarischen Erbrechts sind insbesondere die Beschlüsse der Judex-Kurial-Konferenz (§§ 2—18). Werböczys Tripartitum, Planum Tabulare, die rechtschöpfende Praxis der Königl. Kurie, GA. VIII 1840, XVI 1876, XVI 1894, IV 1927. Im Gegensatz zum österreichischen Recht wird das ungarische Erbrecht durch den Grundsatz des unmittelbaren, einer besonderen Annahme nicht bedürfenden Erbanfalls (österreichisches ABGB. § 799), der dinglichen Wirkung des Vermächtnisses (österreichisches ABGB. §§ 535, 684, 688), und der auf das Erbgut oder den Erbschaftswert beschränkten Haftung gegenüber den Gläubigern des Erblassers (österreichisches ABGB. §§ 801, 802) beherrscht. Zurzeit nimmt der Staat auf privatrechtlichem Wege keinem sonst berufenen Erben einen Anteil an der Erbschaft vorweg, andererseits erhebt er aber eine verhältnismäßig große Erbgebühr (GA. XXXIV vom Jahre 1920 über die Vermögensübertragungsgebühren §§ 68—88 und dazu GA. V vom Jahre 1927, § 22).

Als Nacherbe kann auch eine Person eintreten, die erst nach dem Tode des Erblassers existent wird. Das ungarische Erbrecht kennt dreierlei Erbfolge: a) gesetzliche, b) rechtsgeschäftliche, c) Pflichtteilserbfolge. Das Intestaterbrecht ist ein Konglomerat von Rechtssätzen aus dem Tripartitum, dem GA. VIII 1840 über die Erbfolge des Untertanenstandes, der JKK., dem österreichischen ABGB. und der modernen Judikatur. Innerhalb der Grenzen des Heimfalls und Witwenrechts (s. unten) sind gesetzliche Erben die Abkömmlinge, der Ehegatte, die Vorfahren und der Fiskus, und zwar in der angegebenen Reihenfolge. Gesetzliche Erben sind diejenigen, die zur Zeit des Erbfalls die gesetzlichen Erben sind, möge es auch erst nach dem Erbfall durch Anfechtung oder durch Ausschlagung, Erbunwürdigkeitserklärung usw. zur gesetzlichen Erbfolge kommen. Ist ein Berufener inzwischen gestorben, so tritt an seine Stelle sein Erbe, ohne Rücksicht darauf, ob diesem ein Erbrecht gegenüber dem ersten Erblasser zusteht. Es vererbt sich das Anwartschaftsrecht des eventuell Berufenen. Bei der Bestimmung der auf der Blutsverwandtschaft beruhenden gesetzlichen Erbfolgeordnung folgt das ungarische Recht nicht der im römischen Recht wurzelnden Gradualordnung, nach der lediglich auf die Nähe des Grades der Verwandtschaft zwischen dem Erblasser und den Prätendenten gesehen wird, vielmehr huldigt es bereits seit dem Mittelalter der Parentelenordnung, die unverkennbar auch bereits den südholländischen und flämischen Rechten, den friesischen Rechten, einer großen Gruppe französischer Coutumes (Bourgogne, Touraine, Poitou, Anjou, Maine, Picardie und besonders Bretagne und Normandie), dem normannisch-englischen Recht sowie auch den Rechten Österreichs, bestimmter Teile der Schweiz und Schwabens (s. Ernst Heymann, Die Grundzüge des gesetzlichen Verwandtenerbrechts, Jena 1896, S. 10—12, 42, mit näheren Angaben, Brunner-Heymann, Grundzüge der deutschen Rechtsgeschichte 7. Aufl., München 1927, § 56 S. 235—236) eigen war, die übrigens auch das Mosaisch-rabbinische Recht (Choschen Mischpat 276, 1) und der Islam verfolgt, auf der u. a. auch die gesetzliche Erbfolge des österreichischen

ABGB. [§§ 731 (Nov. I § 60), 732—740, 741 (Nov. I § 61), 750, s. auch §§ 752—753, 754 (Nov. I § 65), 755, 756 (Nov. I § 66)], des deutschen BGB. (§§ 1924—1930), des schweizerischen ZGB. (Artt. 457—461) beruht, und nach der jene, die mit dem Erblasser den nächsten gemeinsamen Stammvater haben, alle anderen, die gemeinsam mit dem Verstorbenen von einem entfernteren Vorfahren abstammen, ausschließen.

Fällt der nähere Abkömmling infolge seines Todes oder aus irgendeinem anderen Grunde, wie durch Ausschlagung der Erbschaft oder Erbunwürdigkeitserklärung weg, so treten die durch ihn mit dem Erblasser verwandten Abkömmlinge an seine Stelle. Mehrere unmittelbare Abkömmlinge des Erblassers (Kinder) erhalten die ganze Erbschaft nach Kopfteilen. Mehrere an die Stelle ihres gemeinschaftlichen Stammelternteils tretende Abkömmlinge erhalten zusammen dessen Anteil unter sich zu gleichen Teilen (Erbfolge nach Stämmen). Der Eintretende übt nicht das Recht der Vorfahren, sondern ein eigenes Recht aus. Darum wird das Erbrecht auch nicht affiziert von den individuellen Eigenschaften und Mängeln, die der Erbfolge seines unmittelbaren Vorfahren anhaften würden. Das sogenannte Repräsentationsrecht bezieht sich nur auf die Erbportion, nicht auf die Erbberechtigung (vgl. auch Ungar, System des österreichischen allgemeinen Privatrechts VI, Leipzig 1864, § 33 S. 137). Unter den Abkömmlingen des Erblassers selbst, soweit sie als gesetzliche Erben zur Erbfolge gelangen, besteht Ausgleichungspflicht. Die Ausgleichungspflicht des ungarischen Rechts entspricht gleich der des deutschen BGB. der Kollationspflicht des gemeinen Rechts.

Die Abkömmlinge des Erblassers haben als gesetzliche Erben bei der Auseinandersetzung einander zur Ausgleichung zu bringen:

a) was sie von dem Erblasser durch ein unentgeltliches Rechtsgeschäft unter Lebenden ausdrücklich auf Anrechnung auf ihren Erbanteil,

b) oder was sie, ohne daß der Erblasser bei der Zuwendung die Ausgleichung erlassen hätte, als Aussteuer (GA. VIII vom Jahre 1840 über die Erbfolge der Untertanen § 2) zur Gründung eines selbständigen Haushaltes, zum Beginn oder zur Fortführung (Königl. Kurie 4815/1905) eines Berufs oder eines Geschäfts,

c) oder in der Weise erhalten haben, daß infolge des Gegenstandes, des Zweckes, des Umfanges der Zuwendung oder infolge anderer Umstände anzunehmen ist, daß der Erblasser es dem Erben auf Anrechnung an dessen Erbteil zuwenden wollte.

Dem ehelichen Kinde steht das aus einer Putativehe stammende Kind sowie das durch nachfolgende Ehe legitimierte Kind völlig gleich. Die unehelichen Kinder haben nur ein gesetzliches Erbrecht gegenüber der Mutter und ihren Verwandten. Bei der gesetzlichen Erbfolge der Abkömmlinge begründet die Natur des Vermögens keinen Unterschied. Es ist belanglos, ob es sich um ererbtes oder erworbenes Vermögen handelt. Anders bei der Erbfolge der Vorfahren, Seitenverwandten sowie des überlebenden Ehegatten, bei der das ererbte und das erworbene Vermögen des Erblassers streng auseinanderzuhalten ist. Das ererbte Vermögen unterliegt dem Rückfallsrechte der bezüglichen Linie. Als erworbenes Vermögen gilt jener Teil des Nachlasses, der über den Wert des ererbten Vermögens bleibt. Und so kann es geschehen, daß der Stammeserbe den ganzen Nachlaß erhält und für die Errungenschaftserben nichts übrig bleibt, wenn nämlich das Vermögen des Erblassers bei seinem Tode nicht größer ist als sein ererbtes Vermögen.

Sind Erben erster Ordnung nicht vorhanden, so ist im ererbten Vermögen derjenige Elternteil erbberechtigt, von dem oder dessen Stamme das fragliche Vermögen herrührt. Sind beide Elternteile erbberechtigt und beträgt das hinterlassene Vermögen nicht so viel, als der Erblasser von der väterlichen und mütterlichen Linie erhalten hat, so teilen Vater und Mutter den Nachlaß im Verhältnis des Wertes des Nachlasses, den der Erblasser von ihnen oder von ihrem Stamme erhalten hatte. Sind die erbberechtigten Eltern gestorben, so treten an ihre Stelle die von ihnen abstammenden Seitenverwandten. In dieser Weise greift die gesetzliche Erbfolge in das ererbte Vermögen von dem Elternteile aufwärts bis zu jenem Vorfahren und seinen Abkömmlingen, von dem das Vermögen gekommen, in den berufenen Stämmen auch weiter hinauf Platz (JKK. I §§ 10—12).

Beim erworbenen Vermögen ist bei Mangel von Abkömmlingen zunächst der überlebende Ehegatte des Erblassers erbberechtigt, der Gesamtnachfolger des Erblassers an dessen Errungenschaftsvermögen wird. Im Hinblick darauf, daß die Ehefrau bei den Adligen und beim Honoratiorenstande nicht als Miterwerber angesehen wird, ist das Witwenerbrecht für diesen Fall geschaffen worden (S. Trip. I 99—102, JKK. I § 15). Das Witwenrecht begründet konstitutive Einzelnachfolge von Todes wegen. Die Grundlage des Witwenrechts finden wir bereits in den Gesetzen des Heiligen Stephan (Decretorum liber II caput 24). Es begründet einen gesetzlichen, erbrechtlichen Anspruch der Witwe auf Nutznießung am Nachlasse ihres verstorbenen Gatten während ihrer Witwenschaft, wenn erbberechtigte Abkömmlinge oder vom Erblasser an Kindes Statt angenommene (Königl. Kurie 2240/1895) oder erbberechtigte Abkömmlinge der letzteren vorhanden sind, denen bekanntlich der ganze Nachlaß als Erbschaft zufällt. Im Hinblick darauf, daß beim Mangel von Abkömmlingen zur gesetzlichen Erbfolge im erworbenen Vermögen zunächst der überlebende Gatte des Erblassers berechtigt ist, so ergreift das Witwenrecht in all denjenigen Fällen, in denen erbberechtigte Abkömmlinge fehlen, bloß das ererbte Vermögen, worauf sich daher die Nutznießung der überlebenden Witwe beim Mangel von erbberechtigten Abkömmlingen erstreckt. Sind neben der Witwe auch erbberechtigte Stammerben vorhanden, so ist die Witwe während der Dauer ihres Witwenrechts zur Herausgabe des von ihrem Ehegatten hinterlassenen ererbten Vermögens, das an die Stammerben fällt, jedoch nicht verpflichtet. Das ererbte Vermögen muß aber andererseits für die Stammeserben auf geeignete Weise, wie z. B. durch Hypothek oder Vinkulierung von Wertpapieren, gesichert werden, ohne daß jedoch hierdurch die Witwe in ihrer Nutznießung gehindert werden dürfte. Die erbberechtigten Abkömmlinge des verstorbenen Gatten (Judex-Kurial-Konferenz § 16), sowie die von ihm an Kindes Statt Angenommenen (Königl. Kurie 2851/1888, 2074/1892), Grillsche Sammlung der Obergerichtl. Entsch. III, 85) und die erbberechtigten Abkömmlinge dieser letzteren, ferner auch die Rechtsnachfolger der eben genannten sämtlichen Personen wie deren Witwe (Königl. Kurie 471/1902), Grillsche Sammlung der Obergerichtl. Entsch. III, 151) und der Käufer des Nachlasses (Königl. Kurie 4117/1913), (Archiv privatrechtlicher Entsch. VIII, 217) können aber die Beschränkung des Witwenrechts begehren. Können sie sich betreffs der Einschränkung des Witwenrechts mit der Witwe nicht einigen, so müssen sie den Prozeßweg beschreiten.

Kann auch der Ehegatte das Witwenrecht einschränken, so kann er doch dessen gesetzliches Maß nicht verletzen und um so weniger dasselbe gesetzwidrigerweise entziehen. Denn das Witwenrecht belastet die Erben als eine auf dem Gesetz beruhende Schuld (Königl. Kurie 7645/1894). Entzieht der Mann mittels Testaments der Frau das Witwenrecht in gesetzwidriger Weise, so kann die Witwe ihr Recht auch gegen das Testament geltend machen und von den Erben innerhalb der gesetzlichen Grenzen entsprechende Wohnung und standesgemäßen Unterhalt verlangen (Kgl. Kurie 2851/1885). Das Witwenrecht tritt nicht in Kraft, wenn die Witwe vor dem Tode ihres Gatten erbunwürdig oder speziell des Witwenrechts unwürdig wird, wie dies der Fall ist, wenn die Frau ihren Mann schuldig verlassen hat, möge auch ihre Ehe nicht aufgelöst worden sein (prinzipielle Entsch. der Königl. Kurie Nr. 241). Das Witwenrecht erlischt, a) wenn die Witwe eine neue Ehe eingeht, es sei denn, daß die Parteien bei der Regelung des Witwenrechts anderes vereinbart haben, b) wenn die Witwe den Erben gegenüber auf ihre Rechte verzichtet, c) wenn sie überhaupt erbunwürdig oder speziell des Witwenrechts unwürdig wird, welch letzterer Fall nach der neueren Judikatur dann vorliegt, wenn sie während ihrer Witwenschaft einen solchen Lebenswandel führt, vermöge dessen sie auch bei Lebzeiten ihres Mannes keinen Unterhalt beanspruchen könnte. Hat der Erblasser keinen Ehegatten hinterlassen oder ist dieser aus irgend einem Grunde weggefallen, so findet im erworbenen Vermögen des Erblassers die gesetzliche Erbfolge der Blutsverwandten nach dem Parentelsystem in Verbindung mit Stammteilung statt. Über gesetzliche Erbfolge nach Geistlichen GA. XVI 1715, ferner StatthVO. 13. IX. 1779, 6. X. 1812; 4. I. 1836.

Beim Mangel jedes anderen rechtsgeschäftlichen und gesetzlichen erbberechtigten Rechtsnachfolgers ist die heilige ungarische Krone, d. i. hier der Königlich ungarische Fiskus, gesetzlicher Erbe.

Was die rechtsgeschäftliche Erbfolge anbelangt, so kann sie entweder durch einseitige Verfügungen von Todes wegen, Testamente, oder durch zweiseitige Verfügungen von Todes wegen, Erbverträge begründet werden. Das Testament hat in Ungarn bereits sehr früh Boden gefaßt. Der GA. XVI vom Jahre 1876 unterscheidet: a) schriftliche Privattestamente (§§ 1—14), b) mündliche Privattestamente (§§ 15—20), c) öffentliche Testamente und bei einem öffentlichen Notar deponierte schriftliche Privattestamente (§§ 21—26) und d) privilegierte Testamente (§§ 27—32). Zur Gültigkeit eines schriftlichen Privattestaments sind, a) wenn der Erblasser das Testament seinem ganzen Inhalte nach geschrieben und unterschrieben hat, zwei Zeugen, b) in allen anderen Fällen vier Zeugen erforderlich (§ 1). Ein Testament, in welchem zu Gunsten der vom Erblasser abstammenden direkten Erben und des Ehegatten Verfügungen getroffen werden, ist bezüglich der formellen Erfordernisse auch dann gültig, wenn der Erblasser dasselbe seinem ganzen Umfange nach eigenhändig geschrieben und unterschrieben hat. In einem derartigen Testamente enthaltene

Verfügungen zu Gunsten anderer Personen haben keine Geltung (§ 32). Gleichfalls ist ein durch den Testator eigenhändig geschriebenes und unterschriebenes Testament ohne Zuziehung von Zeugen auch dann gültig, wenn der Testator dasselbe dem öffentlichen Notar zur Aufbewahrung persönlich übergibt und bei dieser Gelegenheit vor dem Notar erklärt, daß die betreffende Urkunde sein Testament enthält (§ 23), oder wenn es sich um ein privilegiertes Testament handelt (§ 30). Ein von fremder Hand geschriebenes, aber durch den Testator eigenhändig unterzeichnetes Testament ist bei notarieller Hinterlegung auch dann gültig, wenn der Testator dasselbe bei gleichzeitiger Gegenwart zweier Zeugen unterschrieben oder als durch ihn unterschrieben erklärt hat und die Urkunde mit der eigenhändigen Unterschrift beider Zeugen versehen ist (§ 23), oder wenn es sich um ein privilegiertes Testament handelt. Ein öffentliches Testament kann vor einem öffentlichen Notar oder vor den Königlichen Bezirksgerichten errichtet werden (§ 21). Zur Gültigkeit eines mündlichen Privattestaments ist die Gegenwart von vier Zeugen erforderlich, die jener Sprache, deren sich der Testator bedient, mächtig sind (§ 15). In der Regel hat es nur in dem Falle eine unbedingte Gültigkeit, wenn der Erblasser binnen dreier Monate, von der mündlichen Testierung an gerechnet, stirbt (§ 17). Die Testamente können vom Testator zu jeder Zeit widerrufen werden, und der Testator kann auf sein diesbezügliches Recht nicht verzichten. Von dieser Regel bilden nur die gemeinschaftlichen Testamente der Ehegatten eine Ausnahme, wenn sie korrespektive Verfügungen enthalten. Denn diese sind zwar unter Lebenden frei widerrufbar, nach Ableben eines Ehegatten jedoch unwiderruflich, wenn der Bedachte von beiden eingesetzt war, oder der Überlebende das ihm Zugewandte angenommen hat (prinzipielle Entsch. Nr. 287—289). Der Widerruf des Testaments kann stillschweigend durch Vernichtung desselben oder durch eine in einem neueren Testament enthaltene ausdrückliche Widerrufserklärung erfolgen. Die Erbverträge und Schenkungen auf den Todesfall sind mit Rücksicht auf die formellen Erfordernisse nur dann gültig, wenn sie entsprechend den für schriftliche Privattestamente, öffentliche Testamente oder bei öffentlichen Notaren hinterlegte schriftliche Privattestamente vorgeschriebenen Formalitäten errichtet werden. Die Schenkungen von Todes wegen sind als letztwillige Verfügung behandelt (vgl. GA. XVI 1876 §§ 33, 35). Das ungarische Recht kennt sowohl die Einrichtung der Einsetzung von Ersatzerben, die dem Anwachsungsrechte vorgeht (Königl. Kurie 1807/1894), als auch die Einsetzung eines Nacherben. Ist kein Vorerbe, sondern nur ein Nacherbe in der letztwilligen Verfügung bestimmt, so sind die gesetzlichen Erben als Vorerben zu betrachten (s. GA. XXVII 1715 § 4). Nach ständiger Rechtsübung ist bloß die einmalige Einsetzung eines Nacherben anerkannt.

Die Pflichtteilserbfolge ist durch die Beschlüsse der JKK. (I §§ 4, 7, 8) dem österreichischen ABGB. (§§ 762—796, 804, 812, 951, 952, 1487) nachgebildet, wenn auch in den Einzelheiten die beiden Rechte weit auseinandergehen. Sie tritt dann ein, wenn gültige und unentgeltliche Zuwendungen des Erblassers das gesetzlich gewährleistete Nachfolgerecht von Todes wegen der Pflichtteilsberechtigten unberücksichtigt lassen (Almási, Ungarisches Privatrecht 1^2 S. 308). Pflichtteilsberechtigt sind: die aus einer gesetzlichen sowie aus einer vermeintlichen Ehe Stammenden (s. Werböczys Tripartitum I, 106), die durch nachträgliche Ehe sowie gegenüber dem legitimierenden Vater auch die durch Königliche Gnade legitimierten Kinder, innerhalb der mütterlichen Familie auch die unehelichen Kinder (Königl. Kurie 1915 I 10609), gegenüber dem annehmenden Elternteil auch die an Kindes Statt Angenommenen (Königl. Kurie 1915 I 10609) sowie auch die Abkömmlinge sämtlicher Vorgenannten nach den Grundsätzen des Vertretungsrechts, endlich der Vater und die — sei es eheliche, sei es uneheliche — Mutter (JKK. I §§ 7—8; Königl. Kurie 1915 I 10609). Es sei hier jedoch zugleich hervorgehoben, daß den Pflichtteil der vor der Annahme an Kindes Statt Angenommenen sowie den Pflichtteil der bereits vorhandenen ehelichen Kinder der Pflichtteil des unehelichen Kindes nicht beeinträchtigen kann. Die Höhe des Pflichtteils beträgt die Hälfte dessen, was die Berechtigten als gesetzliches Erbteil erlangen würden (§ 7 II). Der Pflichtteilsanspruch ist vererblich und übertragbar. Die Gläubiger des Pflichtteilsberechtigten können jedoch den Pflichtteil, wenn der Berechtigte seinen Anspruch hierauf nicht geltend machen will, nicht beschlagnahmen, auch den Pflichtteilsanspruch ihres Schuldners nicht selbst geltend machen, noch weniger das den Pflichtteil verletzende Testament oder die Schenkung mit Berufung darauf anfechten, daß der Pflichtteilsberechtigte und der Beschenkte bzw. die Erben miteinander zu ihrer Beschädigung unter einer Decke stecken (Rechtseinheitsbeschluß Nr. 17).

Zuletzt sei noch darauf hingewiesen, daß die Auseinandersetzung der Nachfolger von Todes wegen in den meisten Fällen ohne

Mitwirkung einer Behörde erfolgt, wovon bereits Werböczys Tripartitum ausging (I, 40—42). Andererseits gibt es aber gewisse Tatbestände, für die der GA. XVI vom Jahre 1894 (über das Erbverfahren) die richterliche Abwicklung des Nachlaßverfahrens vorschreibt, das von Amts wegen (§§ 2, 4, 69) oder auf Ansuchen irgendeiner interessierten Partei (§§ 3, 5) Platz greift (§ 1).

D. Zivilprozeß.

I. Geschichtliches. Die Vorarbeiten zur neuen Zivilprozeßordnung reichen bis 1893 zurück, als der erste Vorentwurf Alexander Plosz' veröffentlicht wurde. Ein zweiter umgearbeiteter Vorentwurf erschien Anfangs 1901. Erst 1910 aber konnte eine etwas abgeänderte Fassung dem Hause wieder vorgelegt und verabschiedet werden, so daß das Gesetz als GA. I 1911 am 15. I. 1911 bekanntgegeben wurde. Das Einführungsgesetz zur ZPO. enthält GA. LIV 1912. Lehnte sich auch die ungarische ZPO., die sich in der Praxis glänzend behauptete, vielfach an die deutsche ZPO. an, und diente auch die geniale Schöpfung Kleins, die österreichische ZPO. vom 1. VIII. 1895, ihr in einer beträchtlichen Zahl von Bestimmungen zum Vorbild, so kann ihr die Originalität jedoch nicht abgesprochen werden. Auch darüber besteht, mit gutem Grunde, keine Meinungsverschiedenheit, daß sie den Obengenannten gegenüber in manchen Beziehungen einen Fortschritt bedeutet, manche veraltete Doktrinen beiseite geschoben, manche Lücke ausgefüllt und manche zeitgemäße Neuerung eingeführt hat, wie dies beispielsweise besonders deutlich im Beweisrecht hervortritt (vgl. ungarische ZPO. §§ 263—386; d. ZPO. §§ 355—497, s. aber nun die ZPO. in der Fassung der Bek. vom 13. V. 1924 §§ 355—494; österreichische ZPO. §§ 266—389).

II. Dogmatisches. Die neue ungarische ZPO. ist auf folgenden Grundprinzipien aufgebaut: Verfügungs- und Verhandlungsprinzip, freie Beweiswürdigung, Mündlichkeit, Unmittelbarkeit, Zweiteilung des Verfahrens in Prozeßaufnahme und Sachverhandlung, die Einheitlichkeit der Sachverhandlung, die Regelung der Versäumnis und ihre Nachholung und die Einrichtung der Rechtsmittel. Besonders bezeichnend für das Verfahren ist die weitgehende Mündlichkeit, die straffe richterliche Prozeßführung, die Zweiteilung des Verfahrens in Prozeßaufnahme und Sachverhandlung, das vorbildliche Beweisrecht mit weitgehender Beschränkung der Verhandlungsmaxime, die eigenartige Bestimmung der Versäumnisfolgen und schließlich eine umfassende Abgrenzung der Revisionsgründe, was zuletzt auch v. Szladits mit besonderem Nachdruck hervorgehoben hat (Rechtsvergleichendes Handwörterbuch für das Zivil- und Handelsrecht des In- und Auslandes I, Berlin 1927, S. 283). Auch sei hier noch auf das Offizialverfahren bei Ehescheidungen hingewiesen (§§ 657, 661), das entschieden zu den Lichtseiten der ungarischen ZPO. gehört.

1. Gerichte erster Instanz. Gerichte erster Instanz sind die Gerichtshöfe (Landgerichte) und die Bezirksgerichte (Amtsgerichte). Zweite Instanz sind für Gerichtshofsachen die Königlichen Tafeln (Oberlandesgerichte), für Bezirksgerichtssachen die Gerichtshöfe als Berufungsgerichte. Dritte Instanz sind, je nach dem Streitwert die Königlichen Tafeln und die Königliche Kurie (Oberster Gerichtshof — Reichsgericht). Beim Bezirksgericht amtierte von Anfang an der Einzelrichter. Stufenweise wurde dies auch bei den Gerichtshöfen durch GA. VIII 1925 eingeführt. Die Berufungssenate der Gerichtshöfe blieben jedoch bestehen. In Bezug auf den Wirkungskreis der Gerichte vgl. §§ 1—12.

2. Partei kann derjenige sein, der nach dem Privatrechte rechtsfähig ist. Nach den Bestimmungen des Privatrechts ist auch zu beurteilen, inwiefern die Leibesfrucht und die unbekannten Erben Parteien sein können (§ 70). Prozeßfähigkeit hat jeder, der sich durch Verträge verpflichten kann. Faßt auch die ZPO. die Prozeßfähigkeit als Ausfluß der allgemeinen Handlungsfähigkeit auf, so bestimmt sie andererseits, daß Prozeßfähigkeit auch jene haben, die über den Gegenstand des in Rede stehenden Prozesses außerhalb des Prozesses rechtgültig verfügen können (§ 71). Mehrere Personen können gemeinschaftlich klagen oder gemeinschaftlich verklagt werden, wenn der Streitgegenstand ein gemeinschaftliches Recht bzw. eine gemeinschaftliche Verpflichtung bildet, oder wenn die Parteien im wesentlichen aus demselben tatsächlichen und rechtlichen Grunde berechtigt bzw. verpflichtet sind, oder wenn den Streitgegenstand im wesentlichen auf gleichartigem und rechtlichem Grunde stehende Rechte und Verpflichtungen bilden und die Zuständigkeit des Gerichtes hinsichtlich jedes Beklagten begründet werden kann (§§ 77—78). Was die Beteiligung dritter Personen am Rechtsstreit anbelangt, so sei hier nur darauf hingewiesen, daß die ZPO. sowohl die Haupt- (§§ 82—83) als auch die Nebenintervention kennt (§§ 84—88). Eine zwangsweise Advokatenvertretung hat in dem Verfahren vor dem Bezirksgerichte in dem Falle stattzufinden, wenn der Wert des Streitgegenstandes 1000 Pengö übersteigt,

in Wechselprozessen aber ohne Rücksicht auf den Wert und zwar betreffs beider Parteien (§ 94, VO. 6 2600/1926 JM.), es sei denn, daß es sich um gesetzliche Ausnahmefälle handelt (§§ 97, 98, 122, 613, 553, 601, 625; EGZPO. §§ 18, 25). Vor dem Gerichtshofe, der königlichen Tafel und der Königlichen Kurie müssen sich die Parteien durch Advokaten vertreten lassen (§ 96), es sei denn, daß es sich um gesetzliche Ausnahmefälle handelt (§§ 97, 98, 122, 613, 717, 720, 729, 731, 553, 557, EGZPO. §§ 18, 25, ZPO. §§ 53, 63, 772, 774, 780, 784, 786, 787). Ein ausländischer Kläger ist verpflichtet, auf Begehren der Beklagten zur Deckung der Prozeßkosten und Urteilsgebühr Sicherheit zu leisten, es sei denn, daß in jenem Staate, welchem der Kläger angehört, ungarische Staatsbürger in gleichem Falle zur Sicherheitsleistung nicht verpflichtet sind. Die hierüber erfolgte Äußerung des Justizministers ist für das Gericht bindend. Diese Äußerung ist im Zweifel von Amts wegen einzuholen (§ 124). In der Frage betreffend Befreiung von der Sicherheitsleistung besteht mit den meisten Staaten Gegenseitigkeit auf Grund des Haager Internationalen Zivilprozeßabkommens v. 17. VII. 1905 (art. 17—19), GA. XIV 1919. Das Abkommen gilt gegenüber Belgien, Dänemark, der freien Stadt Danzig, Deutschland, Finnland, Italien, Luxemburg, dem unter spanischen Protektorat stehenden Gerichtsteilen von Marokko, Niederlanden, Norwegen, Österreich, Polen, Rumänien, Schweden, Schweiz, Spanien und der Tschechoslowakei.

3. Das Verfahren vor den Gerichten erster Instanz zerfällt in zwei Abschnitte, den der Prozeßaufnahme und den der meritorischen oder Sachverhandlung. Wesentliche Erfordernisse der Klageschrift sind die Bezeichnung des Gerichts und der Parteien sowie der Vortrag einer zur Prozeßaufnahme geeigneten Klage. In der Klageschrift sind behufs Vorbereitung der Verhandlung auch jene tatsächlichen Behauptungen anzuführen, aus welchen der Kläger seine Klage ableitet, sowie die Beweise für dieselben. Ist die Ladung erfolgt, so hat die Angabe der Klage ihren Zweck erfüllt und der Kläger hat nunmehr seine Klage vor Gericht mündlich vorzutragen, damit sie als Urteilsgrundlage dienen könne. Der Kläger ist an die in der Klageschrift enthaltene Klage nicht gebunden, weil diese nur eine vorhergängige orientierende Mitteilung ist. Bei der Verhandlung kann er eine verbesserte oder eine ganz andere Klage vortragen (§ 178), jedoch ist das Gericht dann gezwungen, auf Begehren des Beklagten zur Äußerung auf die Klage eine Vertagung zu bewilligen, wenn es findet, daß der Beklagte sich deshalb zur Prozeßaufnahme nicht vorbereiten kann (§ 179). Der mündliche Vortrag ist maßgebend und nicht die Klageschrift. Erklärt der Kläger, daß es bei seiner in der Klageschrift mitgeteilten Klage bleibt, so ist der mündliche Vortrag oder die Vorlesung der Klage nur insoweit notwendig, als es vom Gericht (§ 178) angeordnet ist. Die Darlegung des Rechts ist unbedingt notwendig. Das Gesetz fordert nicht die formgemäße Benennung des Gesetzes, es genügt, wenn die Rechtsbehauptung aus dem ganzen Inhalte der Klage, d. h. aus der Darstellung der zur Begründung der Klage dienenden Tatumstände festgestellt werden kann. Das Recht kann also auch durch den Vortrag der rechtbegründenden Tatsachen bezeichnet werden (§ 178 I in Verbindung mit § 129 P. 3).

In dem Termine der Prozeßaufnahme müssen außer den prozeßhindernden Einreden alle jene Angelegenheiten erledigt werden, in welchen auf Grund von Versäumnis, Anerkenntnis, Abstand- oder Verpflichtleistung zu beschließen ist und in welchen ein Vergleich zustande kommt. Wenn die Angelegenheit auf diese Weise nicht erledigt werden kann und wegen Abstand oder einem Prozeßhindernisse nicht ein Ende findet, so folgt auf den Vortrag der Klage der meritorische Gegenantrag des Beklagten (§ 191). Die prozeßhindernden Einreden (§ 180) sind im großen und ganzen dieselben wie nach der deutschen ZPO. (§ 274), von der jedoch abweichend, aber übereinstimmend mit der österreichischen ZPO. (§ 240) die Rechtshängigkeit von Amts wegen zu berücksichtigen ist. Die prozeßhindernden Einreden müssen in der Regel in der Prozeßaufnahmeverhandlung erledigt werden. Im Gerichtshofverfahren ist der Beklagte gezwungen, seinen meritorischen Gegenantrag aus einer Schrift zu verlesen, die nach ihrer Vorlesung dem Verhandlungsprotokolle beizulegen ist. Im bezirksgerichtlichen Verfahren ist der Gegenantrag mündlich vorzubringen und von Amts wegen in das Protokoll aufzunehmen (§ 185). Der Vortrag des meritorischen Gegenantrages ist darum nötig, weil auf diese Weise sogleich mit Beginn der Verhandlung der zwischen den Parteien bestehende Streit bestimmt und die Grenzen der Verhandlung sowie der gerichtlichen Kognition festgesetzt werden. Das Gericht verlangt nicht, ja es gestattet nicht einmal, daß der Beklagte seinen Gegenantrag begründe. Der Kläger ist an seine Klage gebunden und darf sie weder einseitig zurückziehen, noch einseitig ändern (§§ 187, 188). Nach der Einlassung des Beklagten in den Prozeß folgt der zweite Abschnitt des Verfahrens, die meritorische oder Sachverhandlung, es sei denn, daß Anerkenntnis, Verzicht und Vergleich, der, wenn er vom Gerichte mittels Bescheid zur Kenntnis genommen wurde, die Wirkung eines rechtskräftigen Urteiles besitzt (§ 423), vorher das Verfahren beendigen. Im Gerichtshofverfahren bestimmt das Gericht zur meritorischen Verhandlung in der Regel einen neuen Termin mit einer Zwischenfrist von ungefähr 30 Tagen, und in dieser Verhandlungszwischenzeit bereiten die Parteien die meritorische Verhandlung in der Regel durch einen, auf besondere Anordnung ausnahmsweise durch mehrere (GA. VIII 1925 § 4) Schriftsätze vor. Im bezirksgerichtlichen Verfahren, in dem nach der ZPO. eine Vorbereitung der Sachverhandlung durch Mitteilung von Schriftsätzen ursprünglich nicht stattfand (§ 205), jetzt aber gemäß dem § 5 des GA. VIII vom Jahre 1925 angeordnet werden kann, ist dagegen die meritorische Verhandlung nach Prozeßeinlassung des Beklagten in der Regel fortsetzungsweise abzuhalten. Das Gericht kann jedoch zur meritorischen Verhandlung binnen einer den Umständen angemessenen Frist einen neuen Termin anordnen, wenn die Parteien dies gemeinsam beantragen.

Hatten wir bisher den Fall im Auge, daß beide Parteien zur Prozeßaufnahme erschienen sind, so betrachten wir nun die Fälle, wenn die eine oder beide Parteien der Ladung nicht Folge geleistet haben. Versäumt der Kläger den Prozeßaufnahmetermin, so kann zwar gegen ihn ein Kontumazurteil nicht erbracht werden, da es vor der Verhandlung eigentlich keine Klage gibt, jedoch kann der erschienene Beklagte entweder die Aufhebung der Ladung und den Verfall des Klägers in die Kosten verlangen oder im Prozeßaufnahmetermin gegen den Kläger eine negative Feststellungsklage erheben, die im Gerichtshofverfahren schriftlich einzureichen (§ 134), im bezirksgerichtlichen Verfahren zu Protokoll zu nehmen (§ 135) ist. Kann auch der Kläger wegen Versäumung des Termins keine Wiedereinsetzung verlangen, so bleiben jedoch die Wirkungen der Einreichung der Klageschrift und der Prozeßeinleitung aufrecht, wenn er binnen fünfzehn Tagen nach dem versäumten Termine die Wiederholung der Ladung ersucht. Versäumt der Beklagte den Prozeßaufnahmetermin, so kann ein Kontumazurteil gegen ihn, auf Antrag des Klägers — nach dem mit der Ladung mitgeteilten Klagebegehren — erlassen werden. Prüft auch das Gericht bei Fällung des Kontumazurteils in der Regel den Klagetatgrund nicht, so wird jedoch bei Versäumnis des Prozeßaufnahmetermins seitens des Beklagten, dem Antrage des Klägers nicht immer stattgegeben. Gegen den Beschluß, womit die Fällung des Kontumazurteils verweigert wird, ist Beschwerde zulässig. Ist der Beklagte zur Prozeßaufnahme wohl erschienen, verhandelt er aber nicht, so kann ein Versäumnisurteil gegen ihn nicht gefällt werden (§ 460), was deshalb von Bedeutung ist, weil gegen ein Versäumnisurteil Einspruch, gegen ein anderes Urteil allenfalls Berufung statthaft ist. Wenn bei dem Termine zur Prozeßaufnahme keine der Parteien erschienen ist, so ruht das Verfahren so lange, bis eine Partei die Anberaumung eines neuen Termines beantragt, was jedoch nicht vor Ablauf von zwei Monaten nach dem versäumten Termine geschehen kann. Die Kosten des Antrages trägt in jedem Falle die beantragende Partei. Nach Ablauf dreier Jahre vom versäumten Termine zur Prozeßaufnahme ist der Prozeß als erloschen anzusehen (§ 446). Von dem Versäumnis der Parteien zur Prozeßaufnahme, in welchem Falle niemals eine Sachverhandlnng stattfindet, ist das Versäumnis derselben zur meritorischen Handlung (§ 445) scharf zu unterscheiden. Wenn nämlich eine Partei den zur meritorischen Verhandlung oder zur Fortsetzung derselben angeordneten Termin versäumt, so greift kein Versäumnisverfahren ein und kann daher auch niemals ein Versäumnisurteil erlassen werden, vielmehr wird die Verhandlung vom Gerichte mit der Gegenpartei über deren Antrag abgehalten bzw. fortgesetzt.

Was die Sachverhandlung anbelangt, so gestaltet sich diese in ihren Grundzügen wie nach der deutschen ZPO., wenn auch die ungarische ZPO., insbesondere bezüglich des Beweisrechts, aber auch sonst manche Eigentümlichkeiten aufweist, von denen wir hier nur auf die Beschränkung der Vertagung der Verhandlungen, die Zurückweisung des absichtlich verzögerten neuen Vorbringens von Amts wegen und auf das Lügenverbot hinweisen wollen, wozu noch kommt, daß auch hinsichtlich der Durchführung der Mündlichkeit sich einzelne Verschiedenheiten herausfinden lassen. Bei dem Kollegialgericht ist nur die Protokollierung des allgemeinen Ganges der Verhandlung und der wichtigsten Momente derselben obligatorisch vorgeschrieben, während im bezirksgerichtlichen Verfahren die Anträge von Bedeutung, die Änderungen derselben, die wesentlichen tatsächlichen Behauptungen und die hierauf gemachten Erklärungen mit Berufung auf die hierauf angetragenen Beweise von Amts wegen zu Protokoll genommen werden müssen. Im Hinblick darauf, daß sowohl die Mündlichkeit wie auch das rechtliche Interesse der Parteien es gebieterisch erheischt, daß das Gericht im Urteil alles das berücksichtige, was vor ihm mündlich vorgebracht wurde, ist aber im Gerichtshofverfahren einerseits den Parteien das Recht eingeräumt, solche Anträge und tatsächliche Behauptungen, die in den vorbereitenden Schriftsätzen nicht enthalten sind oder von deren Inhalt abweichen, im Laufe der Verhandlung in einer dem Protokoll beizulegenden Schrift festzustellen, andererseits dem Vorsitzenden gestattet, von Amts wegen anzuordnen, daß die Anträge von Bedeutung und deren Abänderungen, ferner Geständnisse und andere erhebliche Erklärungen sowie der Umstand, daß sich die Partei über eine tatsächliche Behauptung oder eine Urkunde der Gegenpartei auch nach Aufforderung des Gerichts nicht geäußert hat, unmittelbar in das Protokoll aufgenommen werden. Wie dem Vorsitzenden, so ist auch den Parteien die Möglichkeit geboten, dasjenige, worauf sie Gewicht legen, in dem Protokoll fixieren zu lassen.

Was das Beweisrecht anbelangt, so ist dies der Glanzpunkt der ungarischen ZPO., der auch in diesem Teile die deutsche ZPO. vielfach vorbildlich war. Stimmt aber auch das Beweisrecht der ungarischen ZPO. in seinen Grundzügen vielfach mit dem Beweisrecht der deutschen ZPO. überein, so lassen sich doch manche, zum Teil mit der österreichischen ZPO. übereinstimmende, zum Teil originelle, mitunter erhebliche Abweichungen herausfinden, die entschieden einen Fortschritt gegenüber dem Beweisrecht der deutschen ZPO. bedeuten. Bereits in Übereinstimmung mit dem schriftlichen Prozeß des GA. LIV vom Jahre 1868 kennt auch die neue ZPO. keinen besonderen Beweisabschnitt. Vor allem sei betont, daß die bei der mündlichen Verhandlung von der Gegenpartei zugestandenen tatsächlichen Behauptungen und die offenkundigen Tatsachen der Regel nach keiner Beweise bedürfen (§§ 263, 267). Es gibt jedoch Fälle, in denen das Geständnis nicht als ein den Beweis ausschließender Grund dienen kann. Hierher gehören vor allem diejenigen Prozesse, in denen nicht das Verhandlungsprinzip entscheidet, vielmehr das Gericht von Amts wegen für die Aufklärung des Tatbestandes zu sorgen hat, wie z. B. in Eheprozessen (§§ 656, 657, 669, 670), im Prozesse wegen Anfechtung der Ehelichkeit eines Kindes (§ 696), im Verfahren bezüglich Verlängerung der Minderjährigkeit, Kuratelverhängung und Anfechtung der Aufhebung der Ausübung der väterlichen Gewalt (§ 716) sowie im Todeserklärungsverfahren (§ 740). Von den Geständnissen der tatsächlichen Behauptungen unterscheidet sich die Anerkenntnis des klägerischen Anspruchs, die das Gericht stets verpflichtet, der Anerkennung gemäß ein End- oder ein Teilurteil zu fällen (§ 390). Das Geständnis vor dem Gerichte, das auch im Berufungsverfahren seine Wirkung behält (§ 498 IV), kann aber von der Partei auch zurückgezogen werden, indem sie solche Tatumstände wahrscheinlich zu machen vermag, die sie in der Erkennung des wahren Tatumstandes verhinderten. Von den in einem anderen Staate gültigen Rechtsnormen muß sich der Richter von Amts wegen Kenntnis verschaffen und zwar unter Berücksichtigung der Anträge beider Parteien, ohne Rücksicht auf die Beweislast. Die Beweislast trifft jene Partei, in deren Interesse es liegt, daß die behauptete Tatsache vom Gericht als wahr angenommen werde. In Übereinstimmung mit der deutschen ZPO. ist die freie Beweiswürdigung das Grundprinzip des Beweisrechts (§ 270), mit der im engen Zusammenhange die Unmittelbarkeit der Beweisaufnahme die Regel bildet (§ 274), von der nur in sehr wichtigen Fällen Ausnahmen stattfinden, so, wenn ein Zeugenverhör, die Einsicht der Originalurkunde, die Vergleichung mit einer Schrift, ein Augenschein, Sachverständigenverhör und eine Vernehmung der Partei außerhalb des Gerichtssitzes praktischer durchzuführen ist (§§ 289, 331, 338, 341, 351, 375). Nur im Revisionsverfahren ist die Art der Beweisaufnahme überhaupt dem Ermessen des Gerichts anheimgestellt (§ 537). Herrscht auch in Bezug auf die Vorschriften über Beschleunigung des Beweisverfahrens und gegen den Mißbrauch mit der Beweisantretung vielfach Übereinstimmung mit der deutschen ZPO., so hat die ungarische ZPO. diesbezüglich jedoch einen tüchtigen Fortschritt gemacht. Abweichend von der deutschen ZPO. hat die ungarische ZPO. ein allgemeines Lügenverbot aufgenommen, auf dessen Verletzung eine Geldbuße bis zur Höhe von 240 Pengö verhängt wird (§ 222 II, VO. 63800/1926 JM.). Dies hat sich in der Praxis sehr bewährt. Bezüglich der Zeugenvernehmung ging die ungarische ZPO. noch weiter als die österreichische ZPO., die schon vernichtend in die Verhandlungsmaxime eingriff, als sie dem Vorsitzenden gestattete, nicht bloß Augenschein und Sachverständige, sondern auch Zeugen von sich aus zu laden, von denen nach der Klage oder dem Gang der Verhandlung Aufklärung über erhebliche Tatsachen zu erwarten ist (§ 183 I Z. 4). Eine sehr gelungene Verfügung der ungarischen ZPO. ist auch die Vorschrift, die dem

Richter gestattet, von einer Partei die Benennung von Zeugen zu verlangen, und nach der das Gericht nach freiem Ermessen seine Schlüsse ziehen kann, wenn eine Partei, die Zeugen bestimmen könnte, die Namhaftmachung derselben ohne genügenden Grund unterläßt. In hohem Maße ist noch die Vorschrift zu billigen, nach der jeder Zeuge verpflichtet ist, Urkunden, die sich in seinem Besitze befinden und die zur Sache gehören, vorzulegen. Auch nach englischem Recht kann ein Zeuge durch einen „writ of subpoena duces tecum" zur Vorzeigung von Schriftstücken gezwungen werden (Rules of Supreme Court, 1883, Order XXXVII Nr. 8, 9, 20, 26, 27, 29—34 B). Bereits Justinian hat eine allgemeine Urkundenvorlegungspflicht vorgeschrieben (C. 4, 21, 22, 3 s. auch Rules of Supreme Court, 1883 Order XXXI r. 12, 13, 13a [R. S. C., März 1919 r. 4], 14). Diese Bestimmung, die in die Basiliken aufgenommen wurde (XXII l. 80) und daher im griechischen Recht galt, ist aber nicht in das Abendland übergegangen, weil sie griechisch war und nicht glossiert wurde. In mustergültiger Weise ist die Lehre des Augenscheins in der ungarischen ZPO. ausgestaltet (§§ 340—349) und übertrifft diesbezüglich die deutsche und österreichische ZPO. Das Gericht kann behufs Aufklärung des Sachverhalts oder behufs Beweises der zwischen den Parteien strittigen Tatumstände auch von Amts wegen einen Augenschein anordnen (§ 340).

Eine der wichtigsten Abweichungen der ungarischen ZPO. von der deutschen ZPO. im Beweisrecht ist die Ersetzung des Eides durch die eidliche Versicherung der Parteien, die das Gericht auf Antrag oder auch von Amts wegen anordnen kann, die bereits nach dem Vorbilde des österreichischen Rechts, das dabei auf den Spuren des englischen Rechts gewandelt ist, durch den GA. XVIII 1893 über das summarische Verfahren erfolgte und sich in der Praxis bewährt hat. Während aber nach der österreichischen ZPO. das Gericht die Parteien ganz nach der Art der Interrogatorien des französischen, spanischen und englischen Rechts vernimmt, und prüft, welche Parteien und über welchen Teil ihrer Aussagen es sie eidlich vernehmen soll, und hierüber nach freier Beweiswürdigung bestimmt (§§ 376, 377), unterscheidet die ungarische ZPO. zwischen dem Falle, daß bloß eine Ergänzung des Beweises nötig ist, und dem Falle der vollen Beweislosigkeit, wobei im ersteren Falle das Gericht nach freier Beweiswürdigung bestimmt, ob es die beweisführende oder deren Gegner vernehmen solle, während im letzteren Falle regelmäßig der Gegner des Beweisführers zur eidlichen Vernehmung zugelassen werden soll (§§ 368 bis 369). Diese Unterscheidung ist m. E. weder nötig noch glücklich. Den Eid als Parteieid hält die ZPO. nur als Vergleichseid aufrecht. Dies wird dadurch gerechtfertigt, daß das Zustandekommen von Vergleichen nach Möglichkeit befürwortet werden soll. Es kann der gerichtliche Vergleich auch vom Tatsacheneide einer der Parteien oder einer Dritten bedingt abgeschlossen werden (§ 380). Es können ferner die Parteien vereinbaren, daß die Wahrheit oder Unwahrheit einer für die Sache entscheidenden Tatsache von der Leistung des Eides durch eine der Parteien oder einen Dritten abhängig gemacht werde. Diesen Eid können die Parteien nicht nur über Tatumstände, sondern auch auf ihre Überzeugung hin formulieren (§ 377).

Die gerichtlichen Entscheidungen (§§ 387 bis 423) sind nach der ZPO. entweder Urteile oder Beschlüsse. Die dritte Kategorie der richterlichen Verfügung, wie sie nach deutschem Recht besteht, fehlt. Als Grund der Unterscheidung dient nicht, ob sich die Entscheidung auf das Meritum des Prozesses bezieht oder nicht, sondern ob sie wichtig genug ist, um gegen sie das Rechtsmittel der Berufung (§§ 476—519) zu gestatten oder bloß das der Beschwerde (§§ 548—562). In der Frage, inwieweit ein ausländisches Urteil in Ungarn anerkannt wird, ist die ZPO. strenger als ihre Vorfahren, doch noch immer weniger unzugänglich als das deutsche Recht. Namentlich wird kein Vollstreckungsurteil gefordert, sondern die materiellen Vorbedingungen der Gültigkeit und Vollstreckbarkeit eines ausländischen Urteils im Gesetz selbst vorgezeichnet. Sofern eine internationale Vereinbarung nicht anders verfügt, kann das Urteil eines ausländischen Gerichts natürlich nicht als gültig angenommen werden: 1. wenn das Gericht, welches das Urteil erbrachte, nach ungarischem Gesetz nicht zuständig oder wenn es auf Grund eines Zuständigkeitsgrundes vorgegangen ist, welcher nach dem Gesetz des Staates des einschreitenden Gerichts gegen einen Staatsbürger desselben nicht angewendet werden kann; 2. wenn der verurteilte Beklagte ungarischer Staatsbürger ist und sich in den Prozeß infolge Nichterscheinens nicht eingelassen hat, es sei denn, daß ihm die Ladung zu eigenen Händen oder infolge Ersuchens im Wege eines inländischen Gerichts ordnungsmäßig zugestellt worden ist; 3. wenn die Partei ungarischer Staatsbürger ist und vor der Teilnahme im Prozeß infolge Unregelmäßigkeiten des Verfahrens ausgeschlossen war; 4. in Prozessen, welche den persönlichen Stand eines ungarischen Staatsbürgers betreffen; 5. wenn die Anerkennung der Gültigkeit des Urteils einem vaterländischen rechtskräftigen Urteil, der öffentlichen Sittlichkeit oder dem Zwecke eines vaterländischen Gesetzes widerstreitet; 6. wenn mit dem Staate, dessen Gericht das Urteil gefällt hat, in dieser Beziehung eine Gegenseitigkeit nicht begründet ist, es sei denn, daß das Urteil nicht in einem vermögensrechtlichen Prozesse gefällt wurde und für den Prozeß kein inländisches Gericht zuständig ist. Die Äußerung des Justizministers betreffs der Gegenseitigkeit ist für das Gericht bindend. Wie aus dem Gesagten ersichtlich, bleiben betreffs unserer Frage völkerrechtliche Abkommen und mit der vorgenannten Ausnahme auch das Prinzip der Gegenseitigkeit unberührt (vgl. § 414 EGzZPO., §§ 33 P. 2, 36 V). In Statusprozessen eines ungarischen Staatsbürgers wird ein ausländisches Urteil grundsätzlich nicht anerkannt.

Die Prozeßkosten werden nur gegenüber dem Prozeßgegner bemessen, aber nicht zu Gunsten des Anwalts gegenüber der eigenen Partei. Hierfür sieht das EGzZPO. (§ 18) ein besonderes Verfahren vor, das allerdings keinen Vollstreckungstitel erzeugt und daher wenig praktisch ist. Der Anwalt darf jedoch aus dem vom Gegner eingetriebenen Betrag seine Kosten abziehen und im Streitfalle gerichtlich hinterlegen. Die sachfällige Partei hat den Betrag des Urteils zu Händen des gegnerischen Anwalts zu entrichten. Die Parteien können ohne Zutun des Anwalts über die Kosten keinen Vergleich schließen. Gegenüber Dritten hat der Anwalt auf die Kosten einen Vorrang. Er kann gegen die säumige Gegenpartei wegen der Kosten, nach einer nunmehr als gefestigt anzusprechenden Praxis, auch im eigenen Namen Vollstreckung führen.

4. Das Rechtsmittelsystem (§§ 476 bis 562, GA. VIII v. J. 1925 §§ 16—18) ist dem deutschen im Wesen ähnlich. Daher findet gegen die Urteile der Gerichte erster Instanz, ohne Rücksicht darauf, ob sie End-, Teil- oder Zwischenurteile sind, in der Regel Berufung (§§ 476—519, GA. VIII 1925 §§ 16—18), gegen die Urteile der Berufungsgerichte Revision (§§ 520 bis 547), gegen Beschlüsse Beschwerde (§§ 549—562) statt. Der GA. VIII: 1925 hat aber die Einrichtung der revisio per saltum eingeführt, die insbesondere im Falle der wirtschaftlichen Krisen von Belang ist.

Im einzelnen ergeben sich Verschiedenheiten von der deutschen ZPO. infolge vielfacher Einschränkungen der zulässigen Rechtsmittel, die teils schon in der ZPO. selbst enthalten waren, teils durch spätere Vorschriften, namentlich GA. VIII 1925, aus Vereinfachungs- und Ersparnisgründen eingeführt wurden.

Die Erledigung der Berufung erfolgt teils in mündlicher Verhandlung (§§ 485—511, GA. VIII 1925 § 17), teils in der Form eines öffentlichen Referats (§§ 512—519). Im ersteren Falle ist die Berufungsverhandlung grundsätzlich eine Fortsetzung der Sachverhandlung in der zweiten Instanz. Das Vorbringen von neuen Tatsachen und Beweismitteln ist unbeschränkt (§ 498). GA. VIII 1925 brachte insofern eine Einschränkung, als der Prozeßstoff vorerst durch den Referenten oder vom Vorsitzenden vorgetragen wird und die Parteien erst dann ergänzend das Wort ergreifen (§ 17). Im zweiten Falle, der entweder dann Platz greift, wenn die Parteien selbst die Erledigung der Berufung ohne mündliche Verhandlung wünschen (§ 512), oder dann, wenn einer derjenigen im Gesetze taxativ aufgezählten Fälle vorliegt, in welchem die Berufung bereits dem Gesetze nach, ohne Rücksicht auf den Willen der Parteien, im Wege öffentlichen Vortrags erledigt werden muß (§ 513), hat das Berufungsurteil auf Grund des in der Erstinstanz festgestellten Tatbestands zu erfolgen. Nova können nur vorgebracht werden, insoweit sie sich auf von Amts wegen zu berücksichtigende Umstände oder darauf beziehen, daß die Erstinstanz eine Vorschrift des Verfahrens unrichtig angewendet oder ihre Anwendung unterlassen hat (§ 515). Im Notfalle kann das Gericht zur mündlichen Verhandlung übergehen. Soll ein Beweisverfahren geführt werden, so muß der Übergang erfolgen (§ 517).

Das Rechtsmittel dritter Instanz, die Revision, wurde der Revision der deutschen ZPO. nachgebildet, jedoch mit erheblichen Abweichungen. Das Revisionsverfahren der ungarischen ZPO. ist wesentlich schriftlich. Die Revision schließt der Regel nach die neuere Überprüfung des Tatbestandes aus, gestattet dies nur in vom Gesetze vorgeschriebenen engen Grenzen und gestattet demnach die weitere Überprüfung in der Regel nur, was die Rechtsfrage anbetrifft. Das Revisionsgericht überprüft das Urteil des Berufungsgerichts auf Grund des in demselben dargestellten Tatbestandes. Die Anfechtung des im Urteil des Berufungsgerichts dargestellten Tatbestandes kann nur dann berücksichtigt werden, wenn die Partei die Anfechtung in der Revisionsschrift bzw. in der Beantwortungsschrift ausdrücklich geltend gemacht hat. Gegen den im Urteil dargestellten Tatbestand können als Beweismittel nur das Verhandlungsprotokoll und dessen Anlagen benutzt werden. Die Feststellung der Wahrheit oder Unwahrheit einer tatsächlichen Behauptung kann nur aus dem Grunde überprüft werden, daß die Feststellung mit unrichtiger Anwendung oder Nichtanwendung einer Rechtsnorm oder mit offenbar unrichtiger tatsächlicher Schlußfolgerung erfolgt ist oder mit dem Inhalte der Akten in Widerspruch steht. Einen Tatbestand kann das Revisionsgericht außer in den besonders hervorgehobenen Fällen (§§ 535 und 537) auf Grund einer Beweiswürdigung oder einer Verhandlung nicht feststellen.

Der Grund der Beschränkung der Überprüfung in der dritten Instanz liegt in der Konstruktion des Verfahrens, welche in einem auf die Mündlichkeit und Unmittelbarkeit gegründeten Verfahren für die dritte Instanz der Zweckmäßigkeit entsprechend möglich ist. Gegen Beschlüsse ist, sofern das Gesetz keine Ausnahme festsetzt, Beschwerde (§§ 548—562) statthaft (§ 548). Gesetzliche Ausnahmen von der Regel enthalten z. B. §§ 140, 204, 238, 241, 248, 262, 504. Ein solcher Beschluß, gegen den eine Berufung und nicht eine Beschwerde statthaft wäre, kommt im Gesetze nicht vor.

Das einzige sogenannte außergewöhnliche Rechtsmittel, welches das Gesetz in mit rechtskräftigem Urteile entschiedenen Prozessen erteilt, ist die Wiederaufnahme des Verfahrens (Prozeßerneuerung). Sie ist in ziemlich weitem Rahmen gestattet. Die Gründe, aus denen rechtskräftige Endurteile, Teilurteile mit inbegriffen, durch Wiederaufnahmeklage angefochten werden können, sind im Gesetze taxativ aufgezählt (§ 563, dazu auch § 564, ferner § 565). Zunächst handelt es sich um Gründe, die in vier Gruppen zerfallen (§ 563). Und zwar die erste Gruppe geht davon aus, daß der Prozeß keinen gesetzlichen Richter hatte (§ 563 P. 1—3). Die zweite Gruppe umfaßt diejenigen Gründe, die aus der mangelhaften Vertretung der Partei entstanden (§ 563 P. 4—6). In die dritte Gruppe gehören die infolge strafbarer Handlungen eingetretenen Gründe (§ 563 P. 7—8). Die vierte Gruppe umfaßt wiederum jene Gründe, auf Grund deren die Partei den Tatbestand des ursprünglichen Prozesses umstößt (§ 563 P. 9—12). Ein rechtskräftig gewordenes Endurteil kann auch aus dem Grunde angefochten werden, daß ein Wiederaufnahmegrund gegen einen in der Angelegenheit vorgängig gefaßten Beschluß obwaltet, vorausgesetzt, daß das Endurteil auf diesem Beschlusse beruht (§ 564). Das Gesetz schließt im allgemeinen nicht aus, daß sich die Parteien wegen verschiedener Gründe auch wiederholt der Wiederaufnahme des Verfahrens bedienen.

Die Wiederaufnahmeklage ist in der Regel bei demjenigen Gerichte anzubringen, dessen rechtskräftiges Endurteil die Klage anficht bzw. welches in der Angelegenheit das letzte, das endgültige Urteil fällte. Von dieser Regel sind jedoch zwei Ausnahmen gemacht. Und zwar zunächst, wenn das Endurteil des ersten Gerichts auf dem Beschlusse des Berufungsgerichts gegründet ist und die Wiederaufnahme sich auch gegen dieses richtet. Dann ist dieselbe beim Berufungsgericht einzuleiten. Die zweite Ausnahme besteht darin, daß sich die Wiederaufnahmeklage gegen das Endurteil oder den Beschluß des Revisionsgerichts richtet. Dann muß die Wiederaufnahme bei dem Bezirksgericht angestrengt werden. Das Maximum der Frist zur Wiederaufnahme beträgt 5 Jahre (§ 567).

5. An besonderen Arten des Verfahrens regelt die ZPO. a) das Verfahren in summarischen Repositionsprozessen (Besitzstörungsprozessen) und in summarischen Grenzprozessen, in denen die Vorschriften des bezirksgerichtlichen Verfahrens mit gewissen Abweichungen anzuwenden sind (§§ 575 bis 582), wobei zugleich hervorzuheben ist, daß unter Repositionsklage auch die Klage wegen Einstellung der Besitzstörung zu verstehen ist (Arg. §§ 579—581); ferner b) die Gerichtsbarkeit in Angelegenheiten des Bergbaues (§§ 583—587); c) das Mahnverfahren, im Wege dessen die Forderungen geltend gemacht werden können, welche auf Zahlung von Geldbeträgen oder Leistungen von vertretbaren Sachen oder Wertpapieren gerichtet sind, wenn sie für den Fall eines Prozesses in den Wirkungskreis des Bezirksgerichts gehören (§§ 588—605); d) das Mandatverfahren auf Grund von Wechseln, kaufmännischen Anweisungen und Verpflichtungsscheinen und Schecks (§§ 606—620); e) das Verfahren in Sachen der Aufhebung von Mietsverhältnissen (§§ 621—638); f) das Verfahren in Ehesachen mit weitgehender Offizialität, das sowohl das Verfahren in Eheprozessen (§§ 639—686) als auch das Verfahren bezüglich vermögensrechtlicher Klagen in Eheprozessen umfaßt (§§ 687—645), indem mit Nichtigkeits-, Anfechtungs-, Auflösungs- und Scheidungsklagen und mit Klagen wegen Feststellung des Nichtbestehens einer Ehe auch mit dem Eheverhältnisse zusammenhängende, vermögensrechtliche Klage verbunden und in demselben Verfahren mit Widerklage geltend gemacht werden können (§§ 687—695); g) das Verfahren in Prozessen auf Anfechtung der Ehelichkeit der Geburt, das sich auf denselben Grundprinzipien aufbaut, auf welchen das Eheverfahren in Nichtigkeitsprozessen beruht (§§ 696—701); h) das Verfahren bezüglich Verlängerung der Minderjährigkeit und deren Aufhebung sowie hinsichtlich Kuratelverhängung und deren Auf-

hebung und schließlich bezüglich der Anfechtung der Aufhebung der väterlichen Gewalt, dessen Grundprinzipien dieselben sind wie im Verfahren wegen Nichtigkeit der Ehe (§§ 702—731). Es sei hier zugleich hervorgehoben, daß in den eben angedeuteten Eheprozessen und den Prozessen über die Anfechtung der Ehelichkeit eines Kindes, ferner in Prozessen über Entmündigung und Aufhebung der Entmündigung — für diese ist nach ungarischem Recht nur der Prozeßweg zulässig — und auch im Prozeß über Anfechtung der waisenbehördlich verfügten Aufhebung der Ausübung der väterlichen Gewalt — in diesen Fällen ist der Staat an dem Inhalt der Entscheidung unmittelbar interessiert —, die Wahrheit der Rechtsbehauptung unabhängig vom Verhalten des Beklagten zu untersuchen ist und die Sachverhandlung weder durch das Anerkenntnis noch durch das Versäumnis des Beklagten verhindert wird; i) das Aufgebotsverfahren bei Todeserklärungen, wobei zugleich hervorzuheben ist, daß bis zur Schaffung des bürgerlichen Gesetzbuchs in die Prozeßordnung nicht nur die Normierung betreffs der Todeserklärung, sondern auch die materiellrechtlichen Bedingungen der Todeserklärung und die Bestimmungen betreffs der rechtlichen Wirkung derselben aufgenommen werden mußten (§§ 732—748); j) das Aufgebotsverfahren wegen Amortisierung von Urkunden, das das Gesetz zwecks Vereinfachung der Wirkungskreise aus dem Gerichtshofwirkungskreise herausnimmt und in den bezirksgerichtlichen Wirkungskreis weist (§§ 749—754); k) das Bagatellverfahren (§§ 755—766), nach welchem Prozesse wegen Zahlung von Bargeld, Leistung einer Arbeit oder wegen beweglicher Sachen, wenn der Wert des Streitgegenstandes 100 Pengö nicht übersteigt, in den Wirkungskreis des Gemeindegerichts (Friedensrichter) gehören (§758, VO. des JM. 62600/1926) und l) schließlich das Schiedsgericht (§§ 767—788), betreffs dessen wir hier nur hervorheben wollen, daß der Schiedsvertrag nur dann gültig ist, wenn er schriftlich abgefaßt ist, wenn er sich auf eine bestimmte streitige Angelegenheit oder auf strittige Angelegenheiten bezieht, die aus einem bestimmten Rechtsverhältnisse in Zukunft entstehen können und wenn die Parteien über den Vertragsgegenstand frei verfügen können (§ 767); ferner, daß im aktiven Dienst tätige Richter oder Staatsanwälte ausgeschlossen sind (GA. VIII vom Jahre 1925 § 20).

Außerhalb der ZPO. besteht noch eine stattliche Reihe von Sonderbestimmungen, die sich teils auf prozessuales Verfahren außerhalb der ordentlichen Gerichte, teils auf verschiedene Arten des außerprozessualen Verfahrens beziehen. Als Beispiele der ersten Art seien erwähnt: das Verfahren vor den Börsenschiedsgerichten (GA. II 1870, §§ 94 bis 99, GA. LIX 1881, GA. LIV 1912 § 24) und vor der Jury der Handels- und Gewerbekammer in Sachen des unlauteren Wettbewerbs (GA. V 1923 § 44), ferner die Gerichtsbarkeit des Handelsministers in Markenprozessen (GA. II 1890 §§ 7, 29), des Patentamts in Patentsachen (GA. XXXVII 1895, LV 1912, XXXV 1920), Arbeitsgerichtsbarkeit (VO. 9180/1920), Arbeitsversicherungsgerichte (GA. XXXI 1921), Verfahren der Verwaltungsbehörden in Agrararbeitsstreitigkeiten (GA. XXIV 1923), Bodenregulierungsgericht (GA. XXXVI 1920), Hofmarschallgericht (GA. XVI 1900).

Was aber das außerprozessuale Verfahren betrifft, so ist dasselbe allgemein nur durch Verordnungen dürftig geregelt, hingegen bestehen vielfach besondere Vorschriften z. B. in Grundbuch-, Firmen-, Vollstreckungs-, Nachlaßsachen usw. Über Konkurs und Zwangsvergleich s. weiter unten.

In bezug auf das Verfahren außer Streitsachen wollen wir hier nur auf folgende Rechtsquellen hinweisen. Exekutionsordnung GA. LX 1881, Novelle dazu GA. XLI 1908; Abänderungen auch im GA. VII 1912 (§§ 26—28), GA. LIV 1912 (§§ 31—58), GA. VIII 1925 (§§ 23—29).

Advokatenordnung betreffend die einheitliche, freie Advokatur, XXXIV 1874 ergänzend XXVIII 1887 und XXIV 1907; Befähigung (Doktorat und Advokatenprüfung) LIII 1913.

Notariatsordnung betreffend die vom Justizminister ernannten Königlichen öffentlichen Notare XXXV 1874, Novelle dazu VII 1886, Gebührenordnung LI 1880.

Formelles Grundbuchrecht: Grundbuchordnung vom 15. XII. 1855 (s. Judex-Kurial-Konferenz I § 21), ergänzend: VO. vom 1. VIII. 1859, 19. IX. 1860, 947/1888: GA. XLVI 1880. Als Grundbuchbehörde fungieren die Königl. Bezirksgerichte. Anlegung neuer Grundbucheinlagen und Berichtigungen: GA. XXIX 1886, XXXVIII 1889, XVI 1891, XXIX 1892, XV 1900, s. auch GA. VII 1912 (§§ 31—35) und LIV 1912 (§§ 12—13).

Vormundschaftsverfahren. GA. XX 1877, dessen zweiter Teil von den Vormundschaftsbehörden handelt, die keine richterliche, vielmehr besondere Organe der Verwaltungsbehörde mit Instanzenzug bis zum Minister des Innern sind (§§ 169—302); GA. I: 1911 §§ 702—731 Verfahren bezüglich Verlängerung der Minderjährigkeit und deren Aufhebung, sowie hinsichtlich Kuratelverhängung und deren Aufhebung und schließlich bezüglich Anfechtung der Aufhebung der Ausübung der väterlichen Gewalt, wofür niemals die administrativen Vormundschaftsbehörden, vielmehr stets die Gerichtshöfe zuständig sind.

Erbschaftsverfahren. GA. XVI 1894, nach dem das Erbschaftsverfahren nach dem Ableben des Erblassers oder auch nach der Todeserklärung desselben bei Beteiligung gewisser, im Gesetze taxativ aufgezählter schutzbedürftiger Personen und behufs Übertragung verlassenschaftlicher Grundstücke von Amts wegen, sonst aber nur auf Ansuchen irgendeiner interessierten Partei vor dem zuständigen Königl. Notar einzuleiten ist.

Handelssachen. Verfahren außer Prozeß in Handels- und Wechselsachen: VO. 68300/1914 JM. Verfahren wegen Handelsvergehen vor Handelsgerichten: VO. 1906 J. 215/6. Anwendung des HGB. auf Handelsunternehmungen des Staates: VO. vom 1. XII. 1875, 26922. Löschung gesetzwidriger Eintragungen auch von Amts wegen: VO. 68, 300/1914 § 32.

Schätzungsordnung. VO. 42700/1914 JM. (s. v. Szladits in: Rechtsvergleichendes Handwörterbuch I. S. 283—284).

E. Handels- und Kreditrecht.

I. Geschichtliches. Die Entwicklung eines besonderen Handelsrechts ist in Ungarn relativ jung, die Anfänge gehen auf Rechtsübung und städtische Statuten zurück. Die Gesetzgebung wandte ihre Aufmerksamkeit erst seit Mitte des 18. Jahrhunderts den Fragen des Handelsrechts zu. Abgesehen von einzelnen in Siebenbürgen und an der Militärgrenze eingeführten Normen österreichischen Ursprungs war die erste Arbeit der verfassungsmäßigen Legislative auf diesem Gebiete der GA. LIII 1723, der die Kaufleute zur Führung ordnungsmäßiger Bücher verpflichtet und diesen halbe Beweiskraft zumißt. Im Jahre 1763 ist die österreichische Handels- und Wechselordnung, im Jahre 1774 die das Seerecht regelnde Editto politico di navigazione mercantile eingeführt. Die Kodifikationsbestrebungen setzen eigentlich erst im Jahre 1779 ein, als die Königl. Kurie mit der Abfassung eines ausführlichen Handels- und Wechselkodex betraut wurde. Sie ist ihrer Aufgabe im Jahre 1786 auch gerecht geworden wie auch die durch den GA. VIII 1827 eingesetzte. Alle diese Versuche gelangten zu keinem Ende. Erst die vom Reichstag 1839—40 ernannte Kommission, die unter Mitwirkung des Wiener Rechtsanwalts Ignaz Wildner eine Reihe von Entwürfen ausarbeitete, konnte die Arbeit ausführen. So entstanden GA. XV 1840 (Wechselgesetz); XVI 1840 (von den Kaufleuten); XVII 1840 (von den Rechtsverhältnissen der Fabriken); XVIII 1840 (von den Rechtsverhältnissen der offenen Handelsgesellschaften); XIX 1840 (von den Handelskörperschaften und den Maklern); XX 1840 (von den Verfrachtern) und XXII 1840 (vom Konkurse). Das Wechselgesetz wurde durch GA. VI 1844 zum Teil abgeändert. Während der absolutistischen Ära wurde nur das Wechsel- und Konkursgesetz durch österreichische Normen ersetzt, indem an ihre Stelle die Allgemeine deutsche Wechselordnung mit dem 1. V. 1850, ferner eine interimistische Konkursordnung mit dem 1. IX. 1853 treten; die übrigen erwähnten Gesetze blieben in Geltung. Im Jahre 1861 setzte die Judex-Kurial-Konferenz für das engere Ungarn die Allgemeine deutsche Wechselordnung und die interimistische Konkursordnung außer Kraft und stellte die früheren Kreditgesetze mit einigen Zusätzen her, die zum Teil durch die Grundsätze der Gesetzgebung des Jahres 1848 und zum Teil durch die inzwischen eingetretenen Umstände nötig geworden sind (vgl. II [Das Wechselgesetz], III [Das Konkursgesetz], IV [Die Handels-, Frachtfuhr- und Marktgesetze]). In Siebenbürgen aber und an der Militärgrenze blieb die Allgemeine deutsche Wechselordnung in Kraft. Mit einer VO. vom 14. VI. 1863 wurde das Allgemeine deutsche Handelsgesetzbuch in der Militärgrenze eingeführt, für die anderen Landesteile mit einer VO. vom 21. I. 1864 das Firmenrecht und Firmenregister dem Allgemeinen deutschen Handelsgesetzbuch gemäß geregelt. Entsprechen auch die obengenannten Kreditgesetze des Jahres 1840, die nicht bloß die erste Kodifikation des Handels- und Wechselrechts, sondern seit Jahrhunderten überhaupt die erste größere Kodifikation bildeten, im allgemeinen den damaligen Bedürfnissen, so kam ihre Lückenhaftigkeit mit der Wiederherstellung der Verfassung infolge der veränderten Verhältnisse immer mehr zum Vorschein, und die Organe des Handelsstandes sowie auch die Rechtsbeflissenen drängten nach der Reform der Kreditgesetzgebung.

Die modernen Kodifikationsbestrebungen setzten im Jahre 1872 wieder ein, als der Budapester Universitätsprofessor Stephan v. Apáthy mit dem Entwurf des Handelsgesetzbuches betraut wurde. Sein Entwurf wurde Ende 1873 einer Kommission vorgelegt, deren Beratungen am 21. XII. 1874 endeten, worauf der Entwurf mit geringen Abänderungen dem Parlamente vorgelegt wurde. Hier wurde er rasch verabschiedet, so daß er als GA. XXXVII 1875 am 6. V. 1875 sanktioniert werden konnte. Zur selben Zeit erhielt Prof. Apáthy auch den Auftrag, einen Entwurf zum Wechselgesetz zu machen. Dieser von ihm ausgearbeitete Entwurf wurde als GA. XXVII 1876 am 5. VI. 1876 sanktioniert. Die ungarische Konkursordnung ist im GA. XVII 1881 enthalten.

Alle drei Gesetzgebungswerke lehnen sich trotz einzelner Abweichungen ganz merklich an die damals bestehenden entsprechenden deutschen Gesetze an, was nicht allein auf die Vorzüglichkeit dieser Gesetze zurückzuführen ist, sondern auch auf die engen Handelsbeziehungen, die zwischen den beiden Ländern bestanden, und auch auf die Zollgemeinschaft, die zwischen Österreich und Ungarn bestand. Das HGB. unterscheidet sich vom deutschen Muster inhaltlich fast nur dadurch, daß die Kommanditgesellschaft auf Aktien, die stille Gesellschaft und das Seerecht nicht geregelt sind, die Bestimmungen bezüglich der beeideten Makler aber im ungarischen HGB. durch die Regelung des Maklergeschäfts ersetzt sind, daß ferner das ungarische HGB. im Gegensatz zum deutschen auch die Genossenschaft, das Lagerhaus-, das Versicherungs- und das Verlagsgeschäft regelt. Der Regelung des Lagerhausgeschäftes (§§ 434 bis 452) dienten die einschlägigen Gesetze Frankreichs vom 28. V. 1858, Belgiens vom 18. XI. 1862 und Basels vom 27. IV. 1864 als Vorbild. Das Versicherungsgeschäft (§§ 452—514) fußt im wesentlichen auf dem preußischen handelsrechtlichen und Dresdner obligationenrechtlichen Entwurf, während das Verlagsgeschäft (§§ 515—533) nach dem Vorbilde des sächsischen BGB. und des Dresdener obligationenrechtlichen Entwurfes geregelt wurde (s. auch Franz v. Nagy, Handbuch des ungarischen Handelsrechts I[8] Budapest 1913 § 4 S. 27 Anm. 26). Bezüglich des Seerechts, das nach Verlust der Adriaküste kaum von Belang ist, gilt auch heute noch das Editto politico di navigazione mercantile v. 25. IV. 1774. Ergänzend wird vielfach auf den seerechtlichen Teil des code de commerce zurückgegriffen (Buch II, §§ 190—436).

2. Obwohl das HGB. als Ganzes auch heute noch in Geltung steht, so wurde es durch nachträglich geschaffene Gesetze doch vielfach abgeändert und ergänzt. Auch gewohnheitsrechtlich änderte sich vieles im Laufe der Jahrzehnte, und die Anwendung des Gesetzbuches ist heute grundverschieden von jener der Anfangsperiode. Über den wahren Rechtszustand gibt daher der bloße Gesetzestext oft nur ein recht unzuverlässiges Bild. Die wichtigsten gesetzlichen Änderungen am HGB. sind: GA. VIII 1877 (§§ 1—5, 9), XXXVI 1895, XXV 1883 betreffend die Zinsen und den Wucher, XXXI 1883 betreffend das Ratengeschäft, XVII 1884 und XII 1922 (Gewerbegesetz und Novelle), II 1890, XLI 1895, XII 1913, XXII 1921, XII 1925 (Markenschutz), XXXVII 1895, LV 1912, XII 1913, XXXV 1920 (Patentgesetz und Novellen), III 1928 (Berner Übereinkunft vom 23. X. 1924, betreffend die Verfrachtung von Waren auf Eisenbahnen), XXIII 1898, XXX 1920, XI 1923 (wirtschaftliche und gewerbliche Kreditgenossenschaften), XXV 1900 (Sammlung von Bestellungen,) LVII 1908 (Übertragung eines Handelsgeschäfts), LVIII 1908 (Scheckgesetz), XXXIII 1881 (Annullierung von Wertpapieren), XXXVI 1876, XXXII 1897, XLII 1923, XV 1925 (Pfandbriefe und sonstige Teilschuldverschreibungen), V 1916 (Zwangsausgleich außerhalb des Konkurses und Novelle zum Konkursgesetz), XIV 1896, XV 1918, XIII 1926 (Geldinstitutszentrale), VIII 1923 (staatliche Aufsicht über Privatversicherungsanstalten, s. hier auch VO. 196/1923 des Ministerpräsidenten), XV 1920, XXVI 1920 (Preistreiberei), LIV 1921 (Urheberrecht), XIII 1922 (Zutritt zur Berner Union), V 1923 (Unlauterer Wettbewerb), X 1923 (Haftung bei Verkauf von Tieren), XXXIX 1923, XXXVII 1925 (Schadensersatz bei säumiger Erfüllung von Geldverbindlichkeiten), IV, V 1924 (Gründung der Nationalbank und Regelung der Valuta), IX 1924 (Weingesetz), XVI 1926 (Aufwertung von Bezügen der Privatangestellten), III 1927 (Eintragung der Auflassung von Firmen ins Handelsregister), X 1927 (Zahlung von Versicherungsprämien), XII 1928 (Aufwertung von Geldforderungen).

An Verordnungen, die das HGB. ergänzen, sind als allerwesentlichste nur zu erwähnen: VO. vom 1. XII. 1875 bezüglich die Einrichtung und Führung der Handelsregister und bezüglich die Handelsunternehmungen des Staates, Nr. 1910/1920 ME. betreffend die Rechtsverhältnisse der Angestellten; VO. Nr. 68300/1914 IM. betreffend das außerprozessuale Verfahren, VO. betreffend das Zwangsausgleichsverfahren: Nr. 4200/1925 FM. betreffend Bilanzen, Nr. 1410/1926 ME. und deren Abänderungen; 922/1917 ME. betreffend Eintragung von Geldinstituten im Firmenregister.

II. Dogmatisches.

1. Handelsrecht. Das HGB. zerfällt in 566 Paragraphen. Voran gehen „Allgemeine Bestimmungen“ (§§ 1, 2), nach denen einerseits in Handelssachen, insoweit das HGB. keine Bestimmungen enthält, die Handelsgebräuche maßgebend sind, worunter die Rechtssätze des Gewohnheitsrechts zu verstehen sind, und in Ermangelung dieser das allgemeine Privatrecht zur Anwendung.

zu kommen hat, andererseits überall, wo das HGB. von Gerichtshöfen spricht, darunter die zur Entscheidung von Handelssachen berufenen Gerichte zu verstehen sind. Der weitere Inhalt umfaßt zwei Teile: a) Teil I. Kaufleute und Handelsgesellschaften (§§ 3—257), b) Teil II. Handelsgeschäfte (§§ 258—548).

Aus den Bestimmungen des ersten Teiles wollen wir nur hervorheben, daß das ungarische HGB. Kaufleute mit und ohne Registerzwang kennt, unter welchen letzteren die sogenannten Minderkaufleute zu verstehen sind. Der Kreis der Minderkaufleute, zu denen die Höker und Hausierer unbedingt, die Trödler, Wirte, gewöhnliche Fuhrleute, Schiffer und andere Gewerbsleute hingegen nur insofern gehören, als deren Gewerbebetrieb über den Umfang des Kleingewerbes nicht hinausgeht, ist begrenzt (§ 5).

Im Abschnitt der Kaufleute und Handelsgesellschaften ist auch GA. LVII 1908 betreffend die Übertragung eines Handelsgeschäftes zu berücksichtigen, der den Übernehmer haftbar macht für Schulden des übernommenen Geschäftes, von welchen er Kenntnis hatte oder hätte haben sollen. Die Haftung ist solidarisch.

Ursprünglich als Kriegsnotverordnung gedacht, nachher jedoch zu ständiger Einrichtung erhoben, regelt die VO. Nr. 1910/1920 ME. das Dienstverhältnis der Beamten und Gehilfen von Gewerbe- und Handelsunternehmungen. Zur Kündigung eines auf unbestimmte Zeit geschlossenen Dienstverhältnisses wird schriftliche Form vorgeschrieben. Die Kündigungsfrist beträgt bei mindestens 2jähriger Dienstzeit 3, für mit wichtigeren Agenden betraute Angestellte 6 Monate. Für höhere Kategorien bürgerte sich durch Praxis auch eine einjährige Frist ein. Bei kürzerer Dienstzeit betragen die Fristen 6 Wochen bzw. 3 Monate. Nach mindestens 5jährigem Dienst kommt dem Angestellten eine Abfertigungssumme zu, die nach je 3 Dienstjahren ein Monatsgehalt beträgt, zusammen jedoch höchstens ein Jahresgehalt. Eine Abfertigungssumme kann nicht beansprucht werden von dem Angestellten, der das Dienstverhältnis ohne Verschulden des Arbeitgebers selbst löst oder der aus einem Grunde entlassen wird, wegen dessen sofortige Entlassung möglich ist. Die Abfertigungssumme kann auch von nahen Angehörigen eines verstorbenen Angestellten beansprucht werden. Die Frage der Arbeiter- und Angestelltenversicherung für den Fall von Krankheit oder Unfällen war ursprünglich in GA. XIX 1907 auf autonomparitätischer Grundlage geregelt. Nach dem Umsturz von 1919 wurde dies durch GA. XXXI 1921 geändert und die Instutition auf bürokratische Grundlage gestellt. Ein Gesetz betreffend die Altersversorgung befindet sich in Vorbereitung. Die Aufwertung von Pensionen und Witwen- und Waisenzuschüssen wurde durch GA. XVI 1926 geregelt.

Was die Handelsgesellschaften betrifft, so kennt das HGB. nur 4 Formen: die offene Handelsgesellschaft (§§ 63—124, s. auch §§ 13, 27, 61), die Kommanditgesellschaft (§§ 125—146, siehe auch §§ 13, 27, 61, 63), die Aktiengesellschaft (§§ 147—222, s. auch §§ 13, 14, 61, 63, 461, 557—559) und die Genossenschaft (§§ 223—257, 13, 14, 61, 63, 459, 557—559, 561). Ein GmbH.-Gesetz befindet sich in Vorbereitung. Nur in großen Zügen ist die Gelegenheitsvereinigung geregelt, während von der stillen Gesellschaft im HGB. überhaupt nicht gesprochen wird, so daß diese den allgemeinen privatrechtlichen Vorschriften untersteht. In dem Titel der Aktiengesellschaften (§§ 147, 222) folgte zwar das ungarische HGB. im wesentlichen dem deutschen Vorbild, jedoch mit zahlreichen Änderungen und Ergänzungen, wobei die französische und belgische Gesetzgebung, nicht minder die einschlägigen Entwürfe Italiens und Österreichs einen erheblichen Einfluß ausübten. Abweichend von dem österreichischen Rechte, das dem Konzessionssystem huldigt, fußt die ungarische Aktiengesellschaft auf dem Prinzip der Normativbestimmungen. Organe der Aktiengesellschaft sind Generalversammlung (§§ 176 bis 181), Direktion und Aufsichtsrat (§§ 182 bis 200). Bezeichnend ist, daß das ungarische HGB. abweichend von seinem deutschen Vorbilde eine konstituierende Generalversammlung angeordnet (§§ 154, 155, 159) und den Versuch gemacht hat, die Verantwortlichkeit der Gründer, sowie den notwendigen Inhalt des Prospektes rechtlich zu begrenzen (§§ 150, 152, 154, 219, 222).

Das Recht der Aktiengesellschaften erfuhr naturgemäß durch die praktische Anwendung und die wirtschaftliche Entwicklung tiefgehende Umgestaltung. Viel trug hierzu auch die Valutastabilisierung bei, in deren Verlauf die Bestimmung eines Minimums für das Aktienkapital und das Nominale sowie die Aufstellung eingehender Vorschriften für die Bilanzierung notwendig wurden (VO. Nr. 7000/1925 FM.). Die Inflationszeit brachte auch die Notwendigkeit hervor, den Aktionär gegen Übergriffe der Direktion und einer ihr gefügigen Mehrheit nachdrücklicher zu schützen. Überhaupt kann ein entschiedenes Vordringen des Bestrebens, den Kleinaktionär mehr als bisher in Schutz zu nehmen, festgestellt werden. Das Genossenschaftsrecht erkennt, gleich dem vorbildlichen österreichischen G. vom 9. IV. 1873 neben den Erwerbs- und Wirtschaftsgenossenschaften mit unbeschränkter Haftung auch solche mit beschränkter Haftung an. Während aber das österreichische Gesetz die Verbindlichkeit der Mitglieder einer mit beschränkter Haftung errichteten Genossenschaft auf mindestens den doppelten Betrag des Geschäftsanteils feststellt (§ 76), so bildet nach dem ungarischen Rechte die Verbindlichkeit nur bis zur Höhe der gezeichneten Geschäftsanteile die Regel (§ 231). Als zur öffentlichen Rechnungsvorlegung verpflichtete Gesellschaft steht die Aktiengesellschaft und die Genossenschaft gleichmäßig unter Aufsicht des Registerrichters.

Im zweiten Teile des HGB. werden die Handelsgeschäfte behandelt. Das System der Handelsgeschäfte entspricht wesentlich dem deutschen Vorbilde. Es gibt nämlich sachliche und persönliche Grundgeschäfte und Nebengeschäfte (§§ 258 bis 264). Die allgemeinen Bestimmungen sind ausführlicher als im deutschen HGB. behandelt (§§ 265—310), weil infolge des Fehlens eines BGB. grundlegende Bestimmungen allgemeinen Charakters aus der allgemeinen Theorie der Rechtsgeschäfte und Verträge, wesentlich entsprechend dem gemeinen deutschen Recht, aufgenommen werden mußten. So die Vorschrift über den gutgläubigen Eigentumserwerb, über Auslegung, Abschluß, Erfüllung von Verträgen, über Solidarhaftung, Sorgfaltspflicht, Maß des Schadensersatzes, Kontokorrente, Handelsanweisungen und Bons, Nebenbestimmungen bei Verträgen, Angabe, Pönale, Reugeld usw.

2. Patent-, Marken- und Musterschutz. Unlauterer Wettbewerb. Da diese Materien, wie oben angegeben, zu verschiedenen Zeiten geregelt wurden, ergeben sich vielfach Ungleichmäßigkeiten und Härten.

Das moderne und wohlgelungene Gesetz gegen den unlauteren Wettbewerb GA. V 1923 enthält die sogenannte Generalklausel, nach der ein geschäftlicher Wettbewerb nicht auf eine gegen die Geschäftsehre oder im allgemeinen gegen die guten Sitten verstoßende Weise zu betreiben ist. Hiernach regelt das Gesetz einzelne besonders hervorgehobene Arten des unlauteren Wettbewerbes, wie schwindelhafte Anpreisung (Reklameschwindel §§ 2—6), Anmaßung und Nachahmung von Namen, Firmen, Ausstattung (§§ 7—12), Ruf- und Kreditschädigung (§ 13), Schneeballvertrag (§ 14), Verrat oder unbefugte Verwertung des Geschäfts- oder Betriebsgeheimnisses (§ 15). Sodann stellt es unter Strafe das Vergehen der schwindelhaften Anpreisung, der Usurpation, der Nachahmung, der Geschäftsbestechung, der Verletzung des Geschäfts- oder Betriebsgeheimnisses und stellt die strafrechtliche Haftung des Eigentümers (Geschäftsführers) des Unternehmens und des Auftraggebers auf (§§16—21 s. auch §§ 22 [Rückfall], 23 [Verbot des Handels oder Gewerbebetriebes], 24 [Privatantrag und Hauptprivatanklage], 25 [Beschlagnahme], 26 [Veröffentlichung des Urteils]). Auch auf die Übertretungen verhängt es Strafe (§§ 27—29). Eine Unterlassungsklage sowie das Recht auf Schadensersatz (§ 1 II) und Buße ist gegeben. Für die Möglichkeit einstweiliger Verfügungen, Konfiskation und Vernichtung der Hilfsmittel ist gesorgt. Wenn nur auf Unterlassung geklagt wird, kann die Klage auch vor der Jury der Handels- und Gewerbekammer eingebracht werden, die auch sonst als Experte und Vertreterin des öffentlichen Interesses zu handeln hat (§§ 41—44).

3. Das Wechselrecht entspricht im großen und ganzen der deutschen Wechselordnung. Es beruht noch immer auf dem GA. XXVII vom Jahre 1876, von dessen Vorschriften nur gegen die als lästig empfundene Ausgestaltung des Wechselprotestes Stimmen sich erhoben. Der Krieg zwischen Bulgarien, Griechenland, Montenegro und Serbien einerseits und der Türkei andererseits gab Anlaß zum Erlaß des GA. LXIV vom Jahre 1912, der jedoch keine einschneidende Änderung der Wechselordnung herbeiführte. Nach diesem Gesetze können nämlich die Fristen für den Fall, daß die Präsentation des Wechsels oder die Aufnahme des Protestes infolge der höheren Gewalt in der vorgeschriebenen Frist nicht erfolgen kann, verlängert werden. Um der Idee des Weltwechselrechts entsprechend dem am 23. VII. 1912 im Haag abgeschlossenen internationalen Abkommen näherzukommen, wurde ein Gesetzentwurf ausgearbeitet und auch parlamentarisch verabschiedet, der sich auf die Grundlage des Haager Regulativs stellte. Der einschlägige Gesetzentwurf wurde von dem Justizminister am 20. I. 1914 dem Abgeordnetenhause unterbreitet und von ihm mit geringen Änderungen am 10. II. 1914, vom Magnatenhaus am 28. II. 1914 unverändert angenommen. Die Königliche Sanktionierung blieb aber aus, und der Krieg verhinderte die Erhebung des Entwurfs zum Gesetz. In GA. VIII 1925 § 53 wurde trotzdem aus demselben Folgendes übernommen:

a) Nach dem ursprünglichen Wechselgesetz, GA. XXVII vom Jahre 1876, hatte die Erlassung des Protestes nur gegen denjenigen Wirkung, dem gegenüber die Erlassung erfolgte. Dies wird nun dahin abgeändert, daß die Erlassung seitens des Ausstellers gegenüber sämtlichen Wechselschuldnern wirksam ist. Läßt der Wechselinhaber trotz dieses Vermerks Protest aufnehmen, so belasten dessen Kosten ihn.

b) Einer der wichtigsten Unterschiede zwischen dem ungarischen und den meisten ausländischen Wechselrechten bestand darin, daß nach dem ersteren bei domizilierten Wechseln auch zur Aufrechterhaltung der direkten Klage gegen den Akzeptanten bzw. beim eigenen Wechsel gegen den Aussteller die Aufnahme eines Protestes notwendig war. Diese Besonderheit wird nun beseitigt und geht demnach die direkte Wechselklage auch bei domizilierten Wechseln mangels Protestes nicht verloren.

c) Nach dem alten Wechselgesetz waren die Verjährungsfristen staffelweise verschieden nach drei in verschiedenen Entfernungen gelegenen Zonen bemessen. Das neue Gesetz paßt sich auch in dieser Beziehung den Wechselrechten der großen Weltnationen an, indem es die Verjährungsfrist bezüglich der Klagen des Wechselinhabers gegenüber den Indossanten und dem Aussteller einheitlich auf ein Jahr, diejenige der Regreßforderungen der Indossanten gegenüber den übrigen Indossanten und den Aussteller auf sechs Monate festsetzt. Die Frist läuft im ersten Falle vom Datum des zu richtiger Zeit aufgenommenen Protestes, im Fall des Protesterlasses von der Fälligkeit, im zweiten Falle aber vom Zahlungstage bzw. vom Tage, an dem die Regreßklage den Indossanten ausgehändigt wurde.

Die eben erwähnten Bestimmungen finden auch auf den Scheck entsprechende Anwendung mit der Maßgabe, daß die Verjährungsfrist mit dem Ablauf des auf die Präsentationsfrist folgenden ersten Wochentags beginnt. Insofern erscheint also auch das Scheckgesetz GA. LVIII. vom Jahre 1908, abgeändert.

Das Wechselgesetz enthält 119 Paragraphen in drei Teilen. Teil I: Wechselfähigkeit (§§ 1—2); Teil II: Der gezogene Wechsel zerfällt in 21 Unterabteilungen (§§ 3—109); Teil III: Der eigene Wechsel (§§ 110—114). Hierzu kommen noch die Übergangs- und Einführungsbestimmungen (§§ 115—119). Außer den bereits in der Allgemeinen Deutschen Wechselordnung geregelten Einrichtungen behandelt die ungarische Wechselordnung noch drei anderweitige Einrichtungen: Zession, Wechselbürgschaft, Pfand und Retentionsrecht des Wechselgläubigers. Die aus einem Wechsel feststehenden Rechte können auch durch eine Zession mit der Wirkung übertragen werden, daß der Zessionar seine Rechte gegen den Akzeptanten und die Vormänner des Zedenten wechselmäßig geltend machen kann. Die Zession muß ebenso wie das Indossement auf den Wechsel oder dessen Kopie oder auf ein mit dem Wechsel oder der Kopie verbundenen Blatt (Alonge) geschrieben werden (§ 16). Überdies kennt die ungarische Wechselordnung auch die Wechselbürgschaft (§§ 66—69), die gleichfalls wie die Zession auf den Wechsel selbst oder auf eine Abschrift desselben oder aber auf ein mit dem Wechsel oder der Abschrift verbundenes Blatt (Alonge) geschrieben werden und vom Bürgen unterschrieben sein muß (§ 66). Bezüglich des Pfand- und Retentionsrechtes (§§ 106—109) wollen wir hier nur soviel hervorheben, daß der Wechselinhaber sich aus den Gegenständen, auf die er im Privatwege ein Pfandrecht erworben hat, falls der Schuldner seiner Verpflichtung rechtzeitig nicht Genüge leistet, im wechselmäßigen Wege befriedigen kann (§ 106 I). Dem Wechselinhaber steht wegen seiner fälligen Forderung das Retentionsrecht hinsichtlich jener Gelder, Fahrnisse und Wertpapiere des Schuldners zu, die auf rechtmäßige Weise in seinen tatäschlichen Besitz oder zu seiner Disposition gelangen, es sei denn, daß die genannten Gegenstände mit einer durch den Schuldner oder einen Dritten vor der Übergabe oder gelegentlich derselben getroffenen Disposition in den Besitz des Gläubigers gelangen. Andererseits steht dem Wechselinhaber das Retentionsrecht auch bezüglich seiner noch nicht fälligen Forderung zu, wenn der Schuldner in Konkurs geraten oder eine gegen denselben wegen einer Geldforderung versuchte Exekution erfolglos geblieben ist (§ 108 I—III). Das Retentionsrecht kann im Wege der Klage geltend gemacht werden und hat die gleiche Wirkung wie das Faustpfand (§ 109).

e) Im Insolvenzrecht ist zunächst auf die Konkursordnung GA. XVII 1881 hinzuweisen. Die vielfachen Mängel und Lücken, die den GA. XXII 1840 anhafteten und die Unzukömmlichkeiten, die die bestehende Rechtsverschiedenheit mit sich führte, veranlaßten die Organe des Handelsstandes sowie die Rechtsbeflissenen nach der Reform des Konkursrechtes zu drängen. Der immer nachhaltigeren Bewegung nachgebend betraute die Regierung im Jahre 1873 den Prof. Apáthy mit der Ausarbeitung des Entwurfes eines Konkursgesetzes, die er auch ausgeführt hat. Nachdem die beiden Häuser den Entwurf angenommen hatten und am 27. III. 1881 auch die Königliche Sanktion erfolgte, wurde das neue Konkursgesetz als GA. XVII vom Jahre 1881 promulgiert. Das ungarische Konkursgesetz ist im wesentlichen nur eine Kombination der österreichischen KO. vom 25. XII. 1868 RGBl. Nr. 1 vom Jahre 1869 und der KO. für das Deutsche Reich vom 10. II. 1877 RGBl. Nr. 10 S. 351—394, was sich sowohl an seiner äußeren Gliederung als auch an seinen Bestimmungen erkennen läßt, doch finden wir darin auch manche originellen Bestimmungen. Das ungarische Konkursgesetz enthält 271 Paragraphen in zwei Teilen. Der erste Teil (§§ 1—71) behandelt das materielle Konkursrecht und zerfällt in acht Kapitel, während der zweite Teil (§§ 72—271) in drei Titeln das Konkursverfahren regelt und zugleich die notwendigen Übergangsbestimmungen enthält. Beschränkt auch das ungarische Konkursgesetz den Konkurs nicht auf Kaufleute, so sah man doch von einer völligen Gleichstellung des kaufmännischen und nichtkaufmännischen Konkurses, wie dieselbe in der deutschen KO. durchgeführt wurde, ab und zog vor, dem Beispiele der österreichischen KO. zu folgen und neben dem gewöhnlichen Konkurs als Regel (§§ 72, 240) für den kaufmännischen Konkurs gewisse Ausnahmebestimmungen zu treffen (§§ 241—261). In die nähere Darstellung der wesentlichen Bestimmungen des ungarischen Konkursgesetzes wollen wir uns hier nicht einlassen, da dies unter anderem bereits durch v. Nagy geschah (s. seinen Bericht über das ungarische Konkursgesetz in Zeitschr. f. d. ges. Handelsrecht XXVII (N. F. XII), Stuttgart 1882, S. 239—255). War auch der GA. XVII 1881 seinerzeit eine sowohl den modernen Anforderungen, als auch den Bedürfnissen des Landes entsprechende Kodifikation, so hat er diese Eigenschaft infolge der veränderten sozialen und wirtschaftlichen Verhältnisse, insbesondere mit der Ausdehnung des Handelsverkehrs und Kreditwesens schon längst eingebüßt. Die Organe des Handelsstandes ebenso wie die Rechtsbeflissenen drängten schon lange nach Reform. Das Justiministerium ließ bereits im Jahre 1892 Entwürfe über die Abänderung des Anfechtungsrechts und über den Zwangsausgleich außerhalb des Konkurses ausarbeiten. Die Entwürfe gelangten jedoch in kein weiteres Stadium. Erst die neuere Rechtsentwicklung ist einen Schritt weitergegangen, indem sie den Zwangsausgleich außerhalb des Konkurses einführte. Das Zwangsausgleichverfahren außerhalb des Konkurses wurde zuerst durch Verordnung des Ministeriums Nr. 4070/1915 ME. eingeführt, die nachher durch GA. V vom Jahre 1916 legalisiert wurde. Dieses Gesetz hat nämlich das Ministerium ermächtigt, den Zwangsausgleich außerhalb des Konkurses einstweilen bis zur weiteren Verfügung der Gesetzgebung mittels Verordnung zu regeln und diese Verordnung dann nach Bedarf zu ergänzen, abzuändern und gegebenenfalls auch außer Wirksamkeit zu setzen (§ 1). Infolge der später folgenden gewaltigen Umwälzungen im Wirtschafts- und Rechtsleben hat das Ministerium auch von diesem Rechte Gebrauch gemacht, um die in der Praxis zutage getretenen Mängel des bisherigen Verfahrens zu beseitigen und dasselbe zu beschleunigen. Es hat daher die VO. Nr. 1410/1926 ME. erlassen, die unter Außerkraftsetzung der bisherigen einschlägigen Verordnungen Nr. 4070/1925 ME. und 15700/1925 das Zwangsausgleichsverfahren außerhalb des Konkurses neu regelt und mit einigen Abänderungen im wesentlichen auch zurzeit noch in Kraft ist (vgl. auch VO. des Justizministers Nr. 10200/1926 [Ausf.-VO. zur VO. 1410/1926 ME.], ferner die abändernden VOen Nr. 6340/1927 ME., 5000/1927 ME., 36000/1927 JM.; VO. des Finanzministers Nr. 102700/1927 PM.; ferner im Zusammenhang mit der Geldinstitutszentrale die VOen Nr. 5836/1926 ME. und 4450/1927 ME. Vgl. Meszlény in Blätter für internationales Privatrecht [Beilage der Leipziger Zeitschrift für Deutsches Recht] III [1928] Nr. 4 Sp. 87—89). Der Schuldner kann die Einleitung des Zwangsausgleichsverfahrens außerhalb des Konkurses unter der Erklärung verlangen, daß seine Schulden sein Vermögen übertreffen oder daß er sonst zahlungsunfähig ist. Das Verfahren findet vor dem Einzelrichter statt (§ 2), der während des ganzen Verfahrens, soweit keine Ausnahme ausdrücklich bestimmt ist von Amts wegen verfährt und entscheidet (§ 17). Ist das Verfahren eingeleitet, so kann kein Konkurs gegen den Schuldner auf Verlangen des Gläubigers eröffnet werden. Hat einer der Gläubiger vor der Einleitung des Zwangsausgleichsverfahrens die Konkurseröffnung gegen den Schuldner verlangt, so kann der Schuldner trotzdem die Einleitung des Ausgleichsverfahrens so lange verlangen, wie das Gericht die Konkurseröffnung nicht angeordnet hat (§ 23). Die Beschleunigung und Verbilligung des Verfahrens bezweckt entschieden die Verfügung, daß der Schuldner, der Kaufmann oder Gewerbetreibender ist, die Tätigung eines Privatausgleichs zu versuchen hat, ehe er den gerichtlichen Ausgleich betreiben darf. Zur Bewerkstelligung des Privatausgleiches mittels des hierzu berufenen Kreditschutzvereines stehen 30 Tage zur Verfügung, die von dem letzten Tage der

Frist an gerechnet werden, innerhalb deren die Forderungen angemeldet werden müssen (§ 30). Über Zulässigkeit und Zahlenmäßigkeit der Stimmen erkennt aber das Gericht, dem auch die sonstige Überprüfung der Rechtmäßigkeit des Vorganges vor dem Kreditschutzverein und die Bestätigung des Ausgleichs vorbehalten bleibt (§§ 34—35). Für Geldinstitute und Untersuchungen, die dem Interessenkreis von solchen angehören, gelten besondere Vorschriften, da hier nicht der Landeskreditschutzverein, sondern die Geldinstitutzentrale eingreift (§§ 38—42). Zur Einleitung des Zwangsausgleichsverfahrens außerhalb des Konkurses ist unbedingt erforderlich, daß der Schuldner zur Ausgleichung der Schulden, die ihm gegenüber den nicht auf abgesonderte Befriedigung Anspruch habenden Gläubiger belasten, die Bezahlung von mindestens 50 % (ursprünglich 40 %!) derselben innerhalb 8 Monaten von der Kundmachung des das Verfahren für beendigt erklärenden richterlichen Beschlusses an gerechnet anbiete (6 II P. 1). Bietet der Schuldner wenigstens 60 % (ursprünglich 50 %) seiner Gesamtschulden an, so kann für den Rest über 50 % (ursprünglich 40 %) ein längerer als der sonst gültige maximale Termin von 8 Monaten, höchstens aber ein solcher von $1^1/_2$ Jahren, zugebilligt werden (§ 6 III—IV). Im gerichtlichen Verfahren ist das Ausgleichsangebot dann als angenommen zu erachten, wenn die einfache Mehrheit der an der Ausgleichsverhandlung erschienenen oder durch Bevollmächtigte vertretenen stimmberechtigten Gläubiger für das Angebot gestimmt hat und überdies die Forderungen der das Angebot annehmenden Gläubiger nach Betrag zwei Drittel der Kapitalforderung ausmachen, die sämtlichen stimmberechtigten Gläubigern gebührt (§ 75 I). Anders verhält sich die Sache im Verfahren vor dem Kreditschutzvereine. Zur Gültigkeit des Ausgleichs ist die Genehmigung des Richters unbedingt erforderlich. Der in Angelegenheit der richterlichen Genehmigung gefaßte Beschluß muß den wesentlichen Inhalt des Ausgleichs in sich enthalten. Die Genehmigung des Ausgleiches muß verweigert werden: 1. wenn ein solcher Grund vorliegt, um dessentwillen das Verfahren nicht hätte eingeleitet werden können oder um dessentwillen das Verfahren hätte eigentlich eingestellt werden müssen; 2. wenn eine wesentliche Verfahrensvorschrift verletzt wurde, es sei denn, daß der Mangel nachträglich noch behoben werden kann; 3. wenn im Vergleich einzelnen Gläubigern gesetzwidrige besondere Vorteile versprochen oder gesichert wurden; 4. wenn einzelnen Gläubigern gesetzwidrigerweise außer dem Vergleiche besondere Vorteile versprochen oder gesichert wurden oder wenn der Schuldner entweder bei der Bewerkstelligung des Ausgleiches oder bei der Verursachung seines zum Ausgleich Anlaß gebenden Vermögenszustandes fraudulös verfahren ist (§ 82)

F. Internationales Recht. Auf dem Gebiete des internationalen Rechts vermissen wir ausreichende Bestimmungen im ungarischen Recht. Was es in dieser Hinsicht besonders Bemerkenswertes gibt, ist in den vorigen Abschnitten an den betreffenden Stellen erwähnt worden.

Schrifttum:

A. In deutscher oder anderer nichtungarischer Sprache.

I. Allgemeines. a) Bibliographie: Bibliograhia Hungariae II (= Ungarische Bibliothek III, 2), Berlin 1926, F. Recht, Sp. 691—710. — b) Gesetzsammlungen. Gewohnheitsrecht: Corpus iuris hungarici bis 1844. — Deutsche Übersetzungen der GA. 1832—1836, 1839—1840 Preßburg 1836, 1840), 1843—1844 (Tyrnau 1844), 1847—1848 (Pest 1848). Codex der neueren Gesetze usw. zur Reorganisation der bürgerlichen und staatlichen Verhältnisse für das Kronland Ungarn I—VII, Pest 1850—1854. Landes - Gesetzsammlung 1867—1872 (Amtliche Ausgabe), Reichsgesetzsammlung 1873—1923 (Authentische Übersetzung). — Binder, Dr. Georg, Index der ungar. Gesetze, T. 1, 2, Wien 1906. — Tagányi, Karl, Lebende Rechtsgewohnheiten und ihre Sammlung in Ungarn, Berlin u. Leipzig 1922. — c) Entscheidungen: G. Auer, Grundprinzipien der ungarischen Rechtsprechung in Handelssachen, ZfHR. LXXVIII (1916), 198—225. — d) Zeitschriften: Jahrbuch des ungarischen Rechts, Arch. u. Monatsschrift f. ung. Gesetzgebung usw., hrsg. v. Julius Magnus u. Oskar Fazekas, Berlin 1918. — Zeitschrift für ungarisches öffentliches und Privatrecht, Jahrg. 1—13, 1895—1907, Budapest. — e) Allgemeine Darstellungen: Reiner, Ignaz, Siegmund u. Johann, Ungarischer Zivilprozeß, Privatrecht, Staatsrecht und Strafrecht, Prag 1897. — v. Szladits, Ungarn (Rechtsvergleichendes Handwörterbuch für das Zivil- und Handelsrecht des In- und Auslandes I 1, Berlin 1927, S. 276—286). — II. Rechtsgeschichte: Monumenta Hungariae juridico-historica, Pars I, II, Budapestini 1890. — Prileszky, Paulus, Quadripartitum iuris consuetudinarii inclyti Regni Hungariae, Sopronii 1743. — Hajnik, Paulus, Historia juris Hungarici a tempore Sancti Stephani primi Regis ad gloriose regnantem Franciscum I . . . in tabellas distributa, Budae 1807—1808. — Timon, Ákos v., Ungarische Verfassungs-

und Rechtsgeschichte mit Bezug auf die Rechtsentwicklung der westlichen Staaten². Nach der 3. Aufl. übersetzt von Dr. F. Schiller, Berlin 1909. — Connert, Hans, Die Rechte der Székler, Hermannstadt 1903. – Drotleff, Siebenbürgische Rechtsgeschichte, Hermannstadt 1867. — Schüller, Das Eigenlandrecht der Siebenbürg. Sachsen, Hermannstadt 1853. — Müller, G., Die ursprüngliche Rechtslage der Rumänen im siebenbürg. Sachsenlande, Hermannstadt 1912. — Ulanowsky, B., Geschichte des ungarischen Rechts im Vergleich zum polnischen, Krakau 1907. — Schuler v. Libloy, F., Siebenbürgische Rechtsgeschichte, Bd. 1—3, Hermannstadt 1867—1868. — Endlicher, Stefan, Die Gesetze des heiligen Stefan, ein Beitrag zur ungarischen Rechtsgeschichte, Wien 1849. — Kaindl, Raimund Friedr., Studien zur Geschichte des deutschen Rechts in Ungarn und dessen Nebenländern, Wien 1908. — Hantos, The Magna Carta of the English and the Hungarian constitution, London 1905. — Krajner, Emerich v., Die ursprüngliche Staatsverfassung Ungarns seit der Gründung des Königtums bis 1382, Wien 1872. — Krones, Beiträge z. Städte- und Rechtsgeschichte Oberungarns, Wien 1894. — Schiller, Felix, Das erste ungarische Gesetzbuch und das deutsche Recht, Weimar 1911. — Timon, Die Entwicklung und Bedeutung des öffentlichrechtlichen Begriffs der Heiligen Krone in der ungarischen Verfassung, Sonderabdruck aus der Festschrift für Heinrich Brunner, Weimar 1910. — III. Staatsrecht. Verfassungsrecht. a) Geschichtliches: Bernatzik, Edmund, Das staatsrechtliche Verhältnis zu Ungarn, Wien 1911. — Deák, Fr., Ein Beitrag zum ungarischen Staatsrecht. Bemerkungen über Wenzel Lustkandls „Ungarisch-Österreichisches Staatsrecht", Pest 1865. — Eppstein, Georg Freiherr v., Der Einfluß des ungarischen Staatsrechts auf die Rechtsstellung der Doppelmonarchie, Detmold 1917. — Henry, Paul, L'Union austro-hongroise. Étude de droit public. Thèse, Paris 1908. — Lustkandel, Wenzel, Das ungar.-österr. Staatsrecht. Zur Lösung der Verfassungsfrage, Wien 1863. — Nedeczky, Steph., Konturen der ungarischen Staatsverfassung vom Jahre 1847/48, Tyrnau 1866. — Schiller, Felix, Die historische Verfassung Ungarns, Budapest 1907. — Timon, Ákos v., Die Entwicklung und Bedeutung des öffentlichrechtlichen Begriffs der Heiligen Krone in der ungarischen Verfassung, München 1914. — Turba, Gust., Die pragmatische Sanktion. Authentische Texte samt Erläut. und Übersetzungen, Wien 1913. — Virozsil, Anton v., Das Staatsrecht des Königreichs Ungarn, vom Standpunkte der Geschichte und der vom Beginn des Reiches bis zum Jahre 1848 bestandenen Landesverfassung dargestellt, Pest 1865/66. — Wetzer, Die Pragmatische Sanktion, Bd. I, T. I, Wien 1896—1900. — b) Geltendes Recht: Grundsatzungen der Verfassung Ungarns, Budapest 1923. Dasselbe auch englisch u. französisch. — Stephan v. Csekey, Ungarns Staatsrecht nach dem Weltkrieg in: Jahrb. d. öffentl. Rechts d. Gegenwart XIV (Tübingen 1926), 409—483. — Ferdinandy, Prof. Dr. Gejza v., Staats- und Verwaltungsrecht des Königreichs Ungarn und seiner Nebenländer. Übers. von Dr. Heinrich Schiller, Hannover 1909. — Keller, Österreichisches und ungarisches Staatsrecht, Berlin 1917. — Marczali, Heinrich, Ungarisches Verfassungsrecht, Tübingen 1911. — Nagy, Ernst, Ungarn. A. Staatsrecht, B. Politische Verwaltung (Österreichisches Staatswörterbuch hrsg. von Mischler u. Ulbrich, 2. Aufl., Wien 1905—1909) IV, 587—603. — Polgár, M., Eméric Les institutions hongroises actuelles de droit public, Paris 1926. — Redslob Le régime parlementaire. Etude sur les institutions d'Angleterre, de Belgique, de Hongrie, de Suède, de France, de Tchécoslovaquie, de l'Empire Allemand, de Prusse, de Bavière et d'Autriche (Bibliothèque Internationale de Droit Public), Paris 1924, p. 120—136. — IV. Verwaltungsrecht. Finanzrecht: Márkus, Dr. Desider, Ungarisches Verwaltungsrecht, Tübingen 1912. — Magyary, Zoltán, Das ungarische Budgetrecht (Ungarische Bibliothek für das Ungarische Institut an der Universität Berlin, hrsg. von Gragger, II, Reihe 4), Berlin u. Leipzig 1924. — V. Bürgerliches Recht. a) Geschichtliches: Fleischhacker, Institutiones juris Hungarici, praemissis eiusdem historia ac prolegomenis, tres in libros divisae, Posonii 1795. — Frank, J., Principia Juris civilis Hungarici, 1829. — Füger von Rechtborn, Maximilian, Über die Wiederherstellung des bestandenen ungarischen Privatrechts. Ein zivilistischer Beitrag zur Erörterung einer der belangreichsten Fragen für den bevorstehenden Landtag, Hermannstadt 1861. — Heymann, Dr. Ernst, Geh. Justizrat, Prof., Das ungarische Privatrecht und der Rechtsausgleich mit Ungarn, Tübingen 1917. — Huszty, Stephanus, Jurisprudentia practica seu commentarius novus in jus Hungaricum, Tyrnaviae 1766. — Jung, Johann, Darstellung des ungarischen Privat-Rechtes nach Kelemen I—II², Wien 1827. — Kelemen, Emericus, Institutiones juris privati Hungarici . . . I, II, III, Pestini 1814. — Kövy, A., Elementa jurisprudentiae Hungariae, 1836. — Putz, Carl, System des ungarischen Privatrechts, Wien 1870. — Szlemenics, Paul, Elementa juris civiles hungarici. 2 Bde., 1817, 1829. — Zehntbauer, Prof. Dr. Richard, Einführung in die neuere Geschichte des ungarischen Privatrechts,

Freiburg (Schweiz) 1916. — b) Geltendes Recht. — Almási, Anton, Ungarisches Privatrecht, Bd. I—II, Berlin u. Leipzig 1922, 1923. — Back, Fritz, Das ungarische Ehegesetz nach der Rechtsprechung des ungar. obersten Gerichtshofes (Königl. ungar. Kurie) und ausführlichen Erläuterungen, Wien. — Balogh, E., Verschollenheit und Todeserklärung nach dtsch. u. ung. Rechte, Berlin 1908. — Gerö, Ernst, Eheschließungs- und Trennungsfreiheit in Ungarn. Mit besonderer Berücksichtigung d. österr., russ. u. ital. Rechtsverhältnisse, 3. Aufl., Leipzig 1911. — Csáky, Georg Napoleon Graf v., Die ungarische Zivilehe, Wien 1895. — Kern, Gesetzliche Erbfolge in Ungarn, Zeitschrift für Privat- und öffentliches Recht der Gegenwart. XXIV (1897) S. 71—122, 299—334. — S. auch Entwurf eines ungarischen allgemeinen bürgerlichen Gesetzbuches. 1. Fassung. Aus d. Ungar. übers. im Auftr. d. Ungar. Justizminist., Budapest 1901. — Entwurf eines ungarischen BGB.: Gesetzentwurf eines Bürgerlichen Gesetzbuches für Ungarn. Die d. Reichstage vorgelegte Fassung veröffentlicht durch d. Kgl. Ungar. Justizministerium, Budapest 1914. — Teile der Beratungsprotokolle und Motivenberichte zum Entwurf eines Ung. BGB. sind in deutscher Übersetzung in der „Zeitschrift für ung. öffentliches und Privatrecht", Jahrg. IV—VI, VIII—XIII erschienen. — VI. Bürgerliche Rechtspflege. a) Zivilprozeß. Zwangsvollstreckung: Gottl, Ungarische ZPO. mit Erläuterungen, Wien 1911. — Plósz, Dr. Alexander, Zwei Vorträge aus dem ungarischen Zivilprozeßrecht, Berlin 1917. — Farkas, Dr. Julius, Die Beitreibung von Schuldforderungen in Ungarn, Berlin 1903. — b) Konkursrecht und Zwangsausgleichsverfahren außerhalb des Konkurses: Lévy, Béla, Das Konkursrecht Ungarns. Bearb. u. übers. v. B. L. (ung. u. deutsch), Berlin 1906. — J. Sommer-K. Csiky, Das neue Zwangsausgleichsverfahren in Ungarn (Privatausgleichsverfahren), 1926. — VII. Wirtschaftsrecht. a) Kartellrecht: Baumgarten, F. u. Meszlény, A., Kartelle u. Trusts, Berlin 1906. — Nádas, Ladislaus, Das ungarische Kartell- und Konzernrecht, Berlin 1928. — b) Urheber-, Verlagsrecht, Gewerbliche Schutzrechte, Preßrecht: Elemér Balogh, Das ungarische Patentgesetz nebst Verordnungen (= Kohler-Mintz, Die Patentgesetze aller Völker II, 207—347), Berlin 1912. — c) Handelsrecht: Lévy, Béla, Das Handelsrecht, Wechselrecht und Konkursrecht Ungarns. Bearb. u. übers., Berlin 1906 (Handelsgesetze des Erdballs XIII, 1). — Lecourt, Arthur, Étude sur la situation légale des sociétés étrangères en Autriche et en Hongrie, Bruxelles 1910. — Makai, Gründungswesen und Finanzierung in Ungarn, Bulgarien und der Türkei, Berlin 1916. — A. Plesch, Die Aktiengesellschaft nach ung. Recht, Berlin 1916. — d) Verkehrsrecht: Urbach, L., Luftrecht, Berlin 1917. — VIII. Strafrecht: Hacker, Ervin, Die neueren Ergebnisse der Strafgesetzgebung in Ungarn, Mannheim-Berlin-Leipzig 1922. — Martinet, Camille et Paul Dareste, Code pénal hongrois des crimes et des délits (28 mai 1878) et Code pénal hongrois des contraventions (14 juin 1879), traduit et annotées par —, Paris 1885. — Mayer, Sal., Das ungarische Strafgesetzbuch über Verbrechen und Vergehen. In seinen leitenden Grundsätzen dargestellt, Wien 1878. — Schütze, Theodor Reinhold, Zur Kritik des ungarischen Strafgesetzbuches über Verbrechen und Vergehen, Budapest 1880. — IX. Strafprozeß: Mayer, Salomon, Zur Reform des ungarischen Strafprocesses. Eine Codificationsstudie. Der Entwurf der ungarischen Strafproceß-Ordnung kritisch besprochen mit Übersetzung desselben in seinen wesentlichen Theilen, Wien 1885. — Hacker, Dr. Erwin, Die Individualisierung beim Vollzug der Freiheitsstrafen, Heidelberg 1919. — Derselbe, Der Strafvollzug in Ungarn, Heidelberg 1921. — X. Kirchenrecht: Sipos, J., Enchiridion iuris canonici (Fünfkirchen), Pécs 1926. — Tauber, S., Manuale iuris canonici³, 1907. — XI. Internationales Recht: Bibliographie de la question des nationalités. I. Les nationalités avant 1918. Hrsg. von der Ungarischen Gesellschaft für auswärtige Politik, Budapest 1919. — Les négotiations de la paix hongroise, publié par le ministère hongrois des affaires étrangères I—III, Budapest 1920. Dasselbe auch englisch und ungarisch. — Vesque v. Püttlingen, Joh. v., Handbuch des in Österreich-Ungarn geltenden internationalen Privatrechts, mit besonderer Berücksichtigung des Staats- und Völkerrechts, Wien 1878. — E. Balogh, Randbemerkungen z. Rechtsschaffung im Kriege, Hannover 1916. — Ferenczy, Árpád, Le droit international privé du mariage en Hongrie, Paris 1909 (Extrait de la Revue de droit international privé, S. 64—78). — Magyary, G., Die internationale Schiedsgerichtsbarkeit im Völkerbunde, Berlin 1922. — Derselbe, Les rapports internationaux du droit hongrois privé (Journal de droit international, Bd. 51 S. 590—603), 1924. — Derselbe, Reglement de procédure relative à la protection des minorités. Projet présenté à l'Union Internationale des Associations pour la Société des Nations par l'Association Hongroise des Affaires Etrangères, Budapest 1923. — Meselény, Artur, Der gegenwärtige Stand des Internationalen Privatrechts in Ungarn, Blätter für Internationales Privatrecht III (1928) Sp. 79—91). — Schmidt, Alex, Anerkennung österr. Urteile in Ungarn, Allg. österr. Ger.-Ztg. 1909 S. 348—351, 357—360, 366—367, 383—384. — Derselbe, Internationale Beziehungen in der neuen ung. Zivilprozeßordnung, Juristische Blätter (Wien), Jahrg. XLIII (1914) S. 37—39, 53—55. — Derselbe, Einrede der Litispendenz auf Grund eines ausl. Prozesses in Ungarn, Zeitschr. f. Intern. Recht XVIII (1908), S. 17—39. — Derselbe, Die Regelung der Anerkennung ausl. Urteile in Ungarn, Bl. für vergl. Rechtswiss. u. Volkswirtsch. 1908, Sp. 232—238. — Wittmann, Past and future of the right of national self-determination, Amsterdam 1919. Dasselbe auch ungarisch (Bibliothek des Anzeigers für Rechtswissenschaften), Budapest 1919.

B. In ungarischer Sprache.

I. Allgemeines. a) Gesetze und Verordnungen: Codex Hungaricus 1687—1927, I—XXVII. — Grillsche Ausgabe ungarischer Gesetze I—XVII. — Márkus-Térfy, Corpus Juris Hungarici 1000—1927, Budapest 1899ff. — Derselbe, Die geltenden ungarischen Gesetze 1000—1927, I—XXIII. — Szende, P. P., Die neuen geltenden Rechtsvorschriften des letzten Jahrzehntes, I—V, Budapest 1926. — Marschalkó, J., Systematische Sammlung der geltenden justiziellen Verordnungen, I—IX, Budapest 1896—1909. — „Ordo"-Gesetzsammlung, Budapest 1921. — Taschenausgabe der ungar. Gesetze, Bd. I—VI, Pest 1861—1872. — Dreifaches Register über d. Quellen des geschriebenen, das ungar. Justizwesen betr., Rechtes, Budapest 1907. — Schuler v. Libloy, Friedr., Taschen-Ausgabe der siebenbürgischen Landesgesetze, Hermannstadt 1861/62. — Archiv für ungarische Verordnungen (herausgegeben vom kgl. ung. Ministerium des Innern), I—LXII, Budapest 1867ff. — b) Entscheidungssammlungen: Archiv der zivilrechtlichen Entscheidungen (1918 bis 1926), I, II, III, V. — Archiv der strafrechtlichen Entscheidungen (1918—1924), I—VI. Amtliche Ausgaben der kgl. Kurie. — Entscheidungssammlung herausgegeben von der Redaktion des Rechtswissenschaftlichen Anzeigers I—CI (Jogtudomáuyi Közlöny); seither: I. Strafrechtliche (Herausgeber Aurél Lengyel, 1908ff.), II. Kreditrechtliche (Herausgeber S. Sebestyén, 1908ff.), III. Verwaltungs- und Finanzrechtliche (Herausgeber Föző S.-Nádas L., 1908ff.), IV. Privatrechtliche (Herausgeber v. Szladits, 1912ff.), V. Zivilprozeßrechtliche (Herausgeber Kováts M., 1916ff.). — K. Grecsák u. J. Térfy, Neue Entscheidungssammlung, I—XVIII, Budapest 1711—1925. — D. Márkus, Die prinzipiellen Entscheidungen der höheren Gerichtshöfe, I—XII, Budapest 1894ff. — Sammlung der Revisionsbeschlüsse der kgl. Curie, I—XX, Budapest 1895—1915. — Térfy, J., Die prinzipiellen Entscheidungen des Revisionssenates der kgl. Tafel, I—XIX, Budapest 1895—1915. — Derselbe, Archiv der Kompetenzrechtsvorschriften und Kompetenzbeschlüsse, I—XI, Budapest 1908—1922. — c) Zeitschriften: Miskolcer Juristenleben, I—III. Hrsg. Putnoky (Miskolci Jogászélet). — Rechtsstaat, I—XXVII. Hrsg. E. Szalai. — Rechtswissenschaftlicher Anzeiger, I—LXIII. Hrsg. R. Vámbéry (Jogtudományi Közlöny), Budapest 1866ff. — Rechtsanwaltszeitung. Hrsg. Grünhut (Ugyvédek Lapja), Budapest 1883ff. — Ungarisches Rechtsleben. Hrsg. Bakonyi (Magyar Jogélet). — Ungarische Rechtspflege, I—II. Hrsg. E. Pongrász (Magyar Törvénykezés). — Ungarische Rechtsrevue. Hrsg. Paul v. Augyal, I—IX (Magyar Jogi Szemle). — Anzeiger für Gebünrenwesen, I—II. Hrsg. Nagy (Illetékügyi Közlöny). — Anzeiger der Rechtsanwaltkammer. Hrsg. Popper, I—XXIII (Ügyvédi Kamarai Közlöny). — Bürgerliches Recht, I—III. Hrsg. A. Meszlény (Polgári Jog). — Handelsrecht, I—IV. Hrsg. Szeute (Kereskededelmi Jog). — Richter und Staatsanwaltszeitung, I—XVIII. Hrsg. von Szmertsák (Birák és Ügyészek lapja). — Strafrecht, I—II. Hrsg. Eugen Gál (Büntetöjog). — Friedensrecht und Friedenswirtschaft, I—III. Hrsg. v. Szladits (Békejo.és Békegazdaság), Budapest 1921 bis 1924. — Das Recht (A jog), 1882—1908. Hrsg. Révai u. Stiller. — Ungarisches Justizwesen (Magyar Jgarságügy), 1874 bis 1892. — Anzeiger für Justizwesen (Jgarságügyi Közlöny). Offizielles Organ des kgl. ung. Justizministeriums, I bis XXXVIII, Budapest 1892ff. — d) Lexika und Wörterbücher: Márkus, D., Ungarisches Rechtslexicon, I—VI, Budapest 1898—1907. — Pauletig, A., Ungarisch-italienisches Rechtswörterbuch, Budapest 1912. — Révész, V., Ungarisch-deutsches Rechtswörterbuch, Budapest 1910. — Schwartz, J.-Hojtás, Ö., Ungarisch-deutsches Rechtswörterbuch. — Vámbéry, Rusztem u. Kálmán, Michael, Ungarisch-deutsches Rechtswörterbuch. Mit Rücksicht auf die praktischen Forderungen, Budapest 1898. — II. Rechtsgeschichte: Illés, J., Einführung in die ungarische Rechtsgeschichte, Budapest 1910. — Király, J., Ungarische Verfassungs- und Rechtsgeschichte mit besonderer Rücksicht auf die westeuropäische Rechtsentwicklung, I—II, Budapest 1908. — Hajnik, J., Ungarische Verfassung und Recht in der Árpádenzeit, Budapest 1872. — Derselbe, Die ungarische Gerichtsorganisation und Prozeßrecht unter den Arpádenkönigen und unter den Königen aus verschiedenen Häusern, Budapest 1899. — Illés, J.: a) Das eheliche Güterrecht in der Arpadenzeit, Budapest 1900; b) Das ungarische Vertragsrecht in der Arpadenzeit, Budapest 1901; c) Die gesetzliche Erbfolgeordnung in der Arpadenzeit, 1904. — Davori Relkovič Néda, Ofner Stadtrecht, Budapest 1905. — III. Staatsrecht. Verfassungsrecht: Kiß, St., Ungarisches Staatsrecht[4], Budapest 1888. — Kmetty, K., Lehrbuch des ungarischen Staatsrechts[6], Budapest 1926. — Molnár, Koloman, Ungarisches Staatsrecht, I. Bd., 2. Aufl., Fünfkirchen 1926. — Nagy, E., Ungarns Staatsrecht[7], Budapest 1914. — Tomcsányi, M., Ungarisches Staatsrecht, Budapest 1926. — Ferenczy, Ferenc, Das Recht d. ungar. Staatsbürgerschaft, Gyoma 1928. — St. Egyed u. J. Térry: a) Das neue Wahlrechtsgesetz, Budapest 1926; b) Das Oberhaus des Reichstages, Budapest 1926. — IV. Verwaltungsrecht. Finanzrecht: Kmetty, K., Handbuch des ungarischen Verwaltungs- und Finanzrechts, Budapest 1926. — Márffy, E., Ungarisches Verwaltungsrecht, I—II, Budapest 1925. — Tomcsányi, M., Die grundlegenden Einrichtungen des ungarischen Verwaltungsrechts, Budapest 1926. — Reszler, S.-Szilágyi, K., Handbuch des ungarischen Steuerrechts, Budapest 1926. — Túry, Z., Die neuen Steuergesetze, I—II, Budapest 1925. — V. Bürgerliches Recht. a) Geschichtliches: Frank, I., Recht der gemeinen Gerechtigkeit im Ungarnlande, 1845. — Ökrös, Ungarisches bürgerliches Privatrecht, 1862, 1865. — Szlemenics, Paul, Gemeines gerichtliches Privatrecht, 1823. — Geörch, Elias, Vaterländisches Recht, 1804. — b) Geltendes Recht: Fodor, Ungar. Privatrecht, Handbuch, Sammelwerk, 5 Bde., 1904, 1905, 1909. — Kolosváry, B., Privatrecht, Budapest 1927. — Derselbe, Lehrbuch des ungarischen Privatrechts, 1904. — Meszlény, A., Ungarisches Privatrecht. I. Personenrecht, Budapest 1928. — Raffay, F., Handbuch des ungarischen Privatrechts[3], Budapest 1911. — v. Szladits, Grundriß des ungarischen Privatrechts[3], Budapest 1917, Nachtrag 1926. — Tóth, L., Ungarisches Privatrecht, I—II[2], 1922. — Zlinszky-Reiner, Lehrbuch des bürgerlichen Rechts, 8. Aufl., 1902. — Sammlungen der geltenden Rechtssätze des ungarischen Privatrechts: a) Almási, Handbuch des Obligationenwesens, Budapest 1926; b) Lallossevits, J.-Lányi, M., Handbuch des ungarischen Privatrechts, I—III, Budapest 1913; c) Staud, Das ungarische Privatrecht, Budapest 1913. — Vadász, L., Die neue Entwicklung unseres Privatrechts, I—II, Szeged 1926. — Grosschmid, Béni, Ererbtes und erworbenes Vermögen, 1879, 1897. — Derselbe, Kapitel aus unserem Schuldrecht, 2 Bde., 1898/99, 1900. — Derselbe, Jur. Normenlehre, Budapest 1902. — Derselbe, Das Ehegesetz und seine Erläuterung, I—II, Budapest 1909. — Derselbe, Privatrecht-liche Studien, I—II, Budapest 1901. — Derselbe, Werböczy und das englische Recht, Budapest 1928. — — Balogh, Elemér, Skizzen über privatrechtliche Kapitel, Budapest 1905.

Szászy-Schwarz, Privatrechtliche Studien, 1890; Neue privatrechtliche Studien, 1901; Neue Richtungen im Privatrechte, 1911, Parerga 1912. — Materialien zum Entwurf eines ung. BGB. I. Entwurf (1900) mit Motiven (5 Bde.), Protokolle 6 Hefte, Generalreferat 9 Bde., Hauptfrage (4 Bde.); II. Entwurf, Regierungsvorlage (1913) mit Motivenbericht (5 Bde.), Kommissionsbericht mit neuem Text 1915, Regierungsvorlage 1928 (Ungarns Privatrechtliches Gesetzbuch). — VI. Bürgerliche Rechtspflege. a) Zivilprozeß. Zwangsvollstreckung: Bacsó, J., Lehrbuch der ungarischen Zivilprozeßordnung, 1917. — Gaár, V., Erläuterung der ung. ZPO., I—II, Budapest 1911. — Derselbe, Erläuterung der Einführungsgesetze der ung. ZPO., Budapest 1914. — Jancsó-Meszlény, Systematisches Handbuch der ungarischen Zivilprozeßordnung, I—II, Budapest 1915. — Kovács, M., Erläuterung der ungarischen ZPO., I—II[2], 1927. — Magyary, G., Ungarisches Zivilprozeßrecht[2], Budapest 1924. — Julius v. Térfy, Das Gesetz und die Rechtspraxis der ZPO.[7], I—II, Budapest 1927. — Tóth, K., Zivilprozeßrecht, 1925. — Kohler, Josef, Bemerkungen z. ungar. Zivilprozeßordnung, Budapest 1913. — Bacsó, J., Lehrbuch des Exekutionsrechts, 1917. — Borsodi, N., Taschenbuch der Exekutionsordnung, Budapest 1925. — b) Konkursrecht und Zwangsausgleichsverfahren außerhalb des Konkurses: L. Kralik, Erläuterung des Konkursgesetzes[3], Budapest 1905. — Bernhard, M., Die Konkursordnung, Budapest 1914. — Derselbe, Das Konkursrecht, Budapest 1914. — A. Meszlény, Systematische Erläuterung der Verordnung betreffend den Zwangsausgleich außerhalb des Konkurses[2], Budapest 1926. — c) Freiwillige Gerichtsbarkeit, Registerwesen und Notariat: Huf, József, Die ungarische Grundbuchordnung[4], 1912. — Zlinszky-Imling, Das ungarische Grundbuchsrecht[6], Budapest 1902. — Sebes, D.-Börcsök, A., Das ungarische Grundbuchsrecht, I—II, Budapest 1912. — Tatics, Péter, Taschenbuch des ungarischen Grundbuchsrechts, Budapest 1926. — VII. Wirtschaftsrecht. a) Bergrecht: Meszlényi, A., Berggesetz, Budapest 1905. — Szeöke, J., Bergrecht, Budapest 1915. — Balkay, B.-Szeöke, J., Das Gesamtmaterial des ungarischen Bergrechts[2], Budapest 1909. — b) Gewerberecht: Egyed, F., Gewerberecht, Budapest 1925. — c) Urheber-, Verlagsrecht, gewerbliche Schutzrechte und Preßrecht: Balázs, P. E., Radio, Urheberrecht, Preßrecht, Budapest 1927. — Szalai, E., Das ungarische Urheberrecht, Budapest 1922. — Révai, L., Das ungarische Theaterrecht, Budapest 1907. — Kósa, Erläuterung der Patentgesetze, Budapest 1911. — Hollós, J., Radiorecht, 1926. — Finkey, F., Das neue

Pressegesetz, Budapest 1923. — J. Soltész, Die presserechtliche Verantwortlichkeit, Budapest 1925. — d) Handelsrecht: Klupathy, A., Handbuch des ungarischen Handelsrechtes, 2 Bde., 4. Aufl., Budapest 1906. — Kuncz, Ö., Grundriß des ungarischen Handels- und Wechselrechts, I—II, Budapest 1922. — Fr. v. Nagy, Handbuch des ungarischen Handelsrechts, I—II[8], Budapest 1913. — Galovits, Z., Das ungarische Genossenschaftsrecht, Budapest 1901. — Vályi, A., Ungarisches Firmenrecht, Budapest 1906. — E. Kutasi: a) Das Gesetz betreffend die Aufsicht über Privatversicherungsanstalten, Budapest 1923; b) Erläuterung des neuen Versicherungsgesetzes. — Beck, S.-Vámbéry, R., Erläuterung des Gesetzes über unlauteren Wettbewerb, Budapest 1923. — Nagy, Fr. v., Kommentar zu dem Gesetze über die landwirtschaftlichen und gewerblichen Kreditgenossenschaften, Budapest 1898. — Kuncz, Ö.-Balás, P. E., Der unlautere Wettbewerb, Budapest 1923. — A. Meszlény, Kommentar zum Gesetz betr. den unlauteren Wettbewerb, Budapest 1923. — e) Verkehrsrecht: Barthos, A., Ungarisches Eisenbahnrecht, Budapest 1910. — Baumgarten, F., Das internationale Eisenbahnfrachtrecht, Budapest 1900. — Mangold, J., Das Speditions- und Einlagerungs-Geschäft, Budapest 1926. — Nagy, Fr. v., Ungarisches Seerecht, Budapest 1894. — f) Wechsel- und Wertpapierrecht: Bozóky, G., Ungarisches Wechselrecht, I—II, 1926. — König, W., Kommentar zum Wechselgesetz, Budapest 1906. — Franz von Nagy, Handbuch des ungarischen Wechselrechts mit besonderer Rücksicht auf die Rechtsübung und auf die ausländischen Gesetzgebungen,[6] Budapest 1906. — Plósz, A., Handbuch des ungarischen Wechselrechts[8], Budapest 1895. — Sicherman, B., Der Scheck, Kassa, 1895. — Rusz, A., Das ungarische Scheckgesetz, Budapest 1909. — VIII. Strafrecht: Angyal, P., Lehrbuch des ungarischen Strafrechts I, Budapest 1920 bis 1921. — Angyal, P.-Degré, N., Materielles und formelles Strafrecht, I—II[2], Budapest 1926. — L. Fayer, Handbuch des ungarischen Strafrechts, I—II[8], Budapest 1905. — Finkey, Fr., Lehrbuch des ungarischen Strafrechts[4], Budapest 1921. — Vámbéry, R., Strafrecht, Budapest 1923. — Hacker, E., Einführung in das Strafrecht, 1924. — Doleschall, Alfred, Die Rechtsannäherung im Strafrecht, Budapest 1917. — IX. Strafprozeß: Angyal, P., Lehrbuch des ungarischen Strafprozeßrechts, I—II, Budapest 1915 bis 1917. — Balogh, J.-Edvi Illés, K.-Vargha, F., Erläuterung der Strafprozeßordnung, I—III, Budapest 1910. — Finkey, F., Lehrbuch des ungarischen Strafprozeßrechts[4], Budapest 1916. — Szászy, A., Jugendgericht, o. O. u. J. — Hacker, Ervin, Die Reformfragen unserer Kerkerangelegenheiten, insbesondere die legislative Regelung derselben, Sárospatak 1922. — X. Kirchenrecht: Kérészy, Z., Lehrbuch des Kirchenrechts I, 1903. — Derselbe, Katholisches Kirchenrecht, I—III (Fünfkirchen), Pécs 1927. — Konek-Antal, Lehrbuch des Kirchenrechts[9], Budapest 1903. — Kosutány, I., Kirchenrecht[3] (Die Verfassung und Verwaltung der Kirchen Ungarns) 1907. — Szeredy, Kirchenrecht mit besonderer Rücksicht auf die Verhältnisse der auf dem Gebiete der ungarischen heiligen Krone befindlichen Kirchen, I—II[3], 1883. — XI. Internationales Recht: Szántó, M., Internationales Privatrecht mit besonderer Berücksichtigung der einheimischen Verhältnisse, Budapest 1892. — Wittmann, E., Internationales Privatrecht, Budapest 1911. — Csarada, J., System des positiven Völkerrechts[2], Budapest 1910. — Ferenczy, A., Lehrbuch des internationalen Privatrechts, Budapest 1911. — Balla, I., Das positive ungarische internationale Privatrecht, Budapest 1928. — Szücs, Eugen, Die Bestimmungen des Friedensvertrages von Trianon über die Staatsbürgerschaft, Juristenleben von Miskolc, 1925, I, Nr. 4—6- — Dr. Alkér, K., Dr. Ambrózy, J., Dr. Danilovics, P., Dr. Lukács, S., Dr. Nyulászy, J., Dr. Pap, D. és Sipos, Á.: Der ungarische Friedensvertrag und dessen Inartikulationsgesetz und dessen Erläuterung, Budapest 1921. — Eöttevényi, O., Unser Nationalitäten-Gesetz und die Minoritäts-Verträge, Pécs 1925. — Dr. Faluhelyi, F., Locarno und der deutsch-russische Neutralitätsvertrag, Pécs 1926. — Derselbe, Die ewige Neutralität und der Weltkrieg, Pécs 1921. — Dr. Irk, Albert, Das neue internationale Recht, Budapest 1923. — Kráhl, W., Das französisch-ungarische und das belgisch-ungarische gemischte Schiedsgericht, Budapest 1923. — Derselbe, Innere Verrechnung der zum Trianoner Vertrag gehörigen ausländischen Schulden, Budapest 1925. — A. Meszlény, Der Einfluß des Krieges auf die Rechtslage feindlicher Staatsangehöriger, Budapest 1928. — Nagy, A., Ungarn und der Völkerbund, Budapest 1925. — Weninger, L., Das neue Völkerrecht, Budapest 1927.

Elemér Balogh.

Kolibri 360 GmbH
Ferdinand-Jühlke-Straße 7
99095 Erfurt, Deutschland
produktsicherheit@kolibri360.de